上野千鶴子

非婚ですが、それが何か!?

結婚リスク時代を生きる

水無田気流

ビジネス社

はじめに

上野千鶴子

猫も杓子も結婚する「全員結婚時代」は終わった…ふりかえれば、あれは一過性の異常な時代だったと、後世の人々はいうだろう。

若い男女が結婚しない…それが何か？

社会が若い男女の結婚に関心を持つのは、実のところ子どもを生産んでほしいからだ。日本では結婚と出産がつよく連動しているために、結婚すれば子どもを産んでくれる。反対に、結婚しなければ産みたくても産めない状況がある。この国では、男に所属しない女は、子どもを産み育てる自由がないも同然だ。

社会がほんとうに関心を持つのは、非婚よりも少子化。それによって国の富が減少すること。だが、結婚も出産もひとりひとりの男女の個人的な選択から生まれる。国家や社会のために子を産むわけではない。これまでの歴史は、出産奨励策も抑制策も、さまざまな人為的な介入は、よほどの強制力を伴わないかぎり、効果がないことを証明している。そもそも公権力や政策は、個人の自己決定に介入すべきではない。

結婚しないには結婚しないだけの理由がある。反対に結婚し出産したひとたちに、その理由を聞いてみたくなる。みんながするから？　あたりまえだから？　そういうものだから？　……いるだろう。習俗と規範を引き算してみたら、いったいどれほどのひとたちが、すすんで結婚や出産をしているだろう。裏返しにいえば、習俗と規範の力が弱まれば、個人を異性愛のカップルへと、そして親になることへと誘導する力は低下するだろう。また制度や経済事情が結婚がトクになるように作動しているが、その強制力や圧力がなくなれば、結婚や出産の選択も減少するだろう。

かんたんにいえば、これまで男は女なしで、女は男なしで、自立できないしくみをつくってきたからこそ、男女は結婚へとなだれこみ、結婚したら出産するものという規範が共有されていたからこそ、親になってきたのだ。

それらの社会的圧力がなくなれば、自らのぞんで結婚し、選んで親になるひとびとはどのくらいいるだろうか。その結果、結婚する人々が減り、子どもの数が減ったとしても、それが個人の自発的な選択の結果なら、何も問題はない。そのような選択に合わせて、社会を再設計すればよいだけのこと。近代以前の社会にとっても、誰もが結婚し、誰もが親になる時代が来るとは想定外だったのだし、そういう人口急増期が来たときには、それに合わせて社会を再設計しながら生き延びてきたのだから。

ひとは愛からでなくても結婚し、愛からでなくてもセックスし、妊娠し、出産することができる。習俗と規範の強制力がなくなれば、そういう結婚と出産が減少し、その結果子どもが減るだろう。愛のない結婚に耐える男女が減少し、愛のない両親のもとで育つ子どもが少なくなれば、そのほうがましだ。また結婚圧力のもとで非婚や子無しへの差別や、セクシュアル・マイノリティへの抑圧がなくなれば、もっとよい。さらにおんなが結婚の中でも外でも、子どもを安心して産み育てることができる社会が来たら、どんなによいだろうか。

わたしは団塊世代のおひとりさま。水無田さんは団塊ジュニア、「まちがって」母になり、子育てに悪戦苦闘中。親子ほど年齢の離れたふたりの社会学者が、自分の経験とマクロデータをつきあわせながら、個人と時代の変化を縦横に論じた。

本書は非婚時代を生きるための指針となるだろう。

非婚ですが、それが何か!?　目次

第一章　非婚時代

第二章 シングル社会と少子化を迎えて

第三章 非婚時代の家族の肖像・親子関係の真実

第四章 オス負け犬と女子文化の爛熟

第五章

非婚時代のセクシュアリティ

第六章

非婚時代をどう生きるか

第一章

非婚時代

非婚という烙印

水無田　「非婚」については、すごく語るのが難しいんです。問題の核心部分に、空白地帯みたいなところがあって。それは、当の非婚の人たちが、未婚とか非婚という言葉そのものに対して非常に忌避感があるからかなと……。

ただそれでも、いまこそこれに触れなければならないんじゃないかという気運を感じはするんですよね。

上野　「非婚スティグマ（烙印）」というのがありますよね。わたしは1948年、ベビーブーマー時代の生まれですが、わたしの世代では、非婚スティグマは、いまの「負け犬」世代よりももっと強かったです。その当時の差別用語を思い出すと「三十振袖」「嫁《ゆ》かず後家」なんていうのもありました。わたしが20代の頃には、「嫁かず後家」という言葉はまだ生きていました。

水無田　「嫁かず後家」は、わたしも『無頼化した女たち』（亜紀書房、2014年）にも書かせていただきましたが、あとは適齢期を過ぎても未婚でいる女性を意味する「オールドミス」とか。

上野　「オールドミス」に「ハイミス」。もう死語になりましたか。いまの人には通じないでしょうか。

水無田　そうですね。「オールドミス」くらいなら、まだ聞いたことはあるかな……くらいなのですが、もう学生には「後家」がわからないんです。「森に生えているやつですか？」と、訊かれたことがあります。光ゴケとかの一種かと思ったそうです。本当です、これ。

上野　あはは、おかしい。新婚夫婦として迎える最初の夜のことをいう「初夜」とかいう言葉も死語になりましたね。

いまから思い出せば、2014年に亡くなった社民党元党首の土井たか子さん、国会で土井さんに対するセクハラ野次が一杯飛んでいましたね。「おダンナがいないおタカさんにはわかんねぇだろう」なんてね。そのスティグマを取り払おうとしたのが、わたしの書いた『おひとりさまの老後』（法研、2007年）です。それで「おひとりさま」たちは相当ラクになったかなと思うんですが、それにしても非婚スティグマというのは、いまでもあるんですね。

水無田　ここのところ逆に、20代女性の保守化というか、ある意味では時代の気分の揺り戻しのようなものが起こっているという印象ですね。歴史というのはまっすぐには進まずに、保守化と反動を激しく振り子のように振れながら進んでいくもののようで……。

上野　時代の変化はジグザグに進むものです。でも意外と、マクロデータはそんなに大きく動いていないんです。データを見ると、日本の男女の結婚願望は低下していないのに、婚姻率は低下しつづけています。

水無田　そうですね。結婚への願望というか、理想と現実の乖離を表していると思います。

結婚願望は低下していないが、婚姻率は下がっている

上野　「ぜひ結婚したい」と「できれば結婚したい」とでは、「できれば」のほうが増えたと思います。そのへんはゆるくなったかもしれませんけど、結婚願望そのものは変わってない。横ばいです。それにもかかわらず、婚姻率そのものは低下していて、いま水無田さんが言われたような揺り戻しにもかかわらず、婚姻率が上がっているかというとその気配はありません。

水無田　ないですね。実数もそうなんですが……、おっしゃるように、気配も感じないという。

上野　東日本大震災で、メディアもふくめて「絆」、「絆」と誰もが連呼する「絆ブーム」があって、その年に結婚が増えるんじゃないかという予測があったときも増えませんでした。

水無田　むしろ婚姻数は、戦後最低になりました。

上野　だから、婚姻率が下がっているというマクロトレンドを押し返すような変化は、いまのところまったくみられません。

確信犯的シングルの増加

水無田　若年層は意識調査などで見れば家族観や結婚観は保守化はしているけれど、現実に家族関連行動には結びついていないんです。ただ一方でちょっとだけ気になっているのが、一生結婚するつもりがないという積極的非婚派が過去28年で男性が5倍近くに増えてきている。

上野　男性が……。なるほどねぇ。日本の非婚者の特徴についてこれまで言われてきたのは「なし崩しシングル」なんですね。確信犯シングルはレア中のレアということはわかっていて、その中でも女に確信犯は超レアなんですが、男のほうに増えてきたということですか？

水無田　女性は同じ28年間で2倍ですからね。それでも一生結婚するつもりはないという女性は増えてはいるんです、割合としては。

上野　倍と言ってもまだ一桁台ですよね。

水無田　はい、まだ8％程度ですから。一方、男性は1割がすでに一生結婚するつもりはない、になっているんですよ。大枠で見ると、だいたい85％くらいが「そのうち結婚するつもり」なんですが、日本人は「はい」「いいえ」「どちらでもない」だと「どちらでもない」を選びたがる、わりに曖昧が好きな国民性が見られるんですけど、なぜか一生結婚するつもりはないと、男性がここまで言い切るようになった背景が、少々気になっているんです。

上野 どんなふうに観測しておられます？

水無田 結婚の負担が重くなってきているというか。旧来の結婚における夫の役割、父の役割というのが、ちょっと重く、手に余るようになってきたと感じる男性が、女性以上に多いのかもしれません。もちろん若年層男子の総体的な賃金水準低下とか、昇給ベースの鈍化など雇用の問題もあると思いますが、それ以上に充満している……何でしょうね、モヤモヤとしたものの正体を検証してみたいですね。

上野 データの中身をもう少し詳細に教えてほしいんですが、その10％の男性たちの、たとえば学歴とか年収とか……。

水無田 そこまでのデータはありません。それを実はいま調べようと思っていて、年収階層とそれから年齢・年収階層と別に積極的シングルの実態に迫ろうと考えています。手始めに、ある程度年収があるにもかかわらず、結婚に否定的な層について検証する予定です。

上野 「おひとりさま」を語るときには、世代と性別を問わず自覚的に独身を選択している「選んでシングル（シングル・バイ・チョイス）」と、なし崩し的に仕方なく独身でいる「よぎなくシングル（シングル・バイ・フォース）」は区別して考えないと。一緒にはできませんね。

水無田 そうですね。

未婚者の生涯の結婚意思

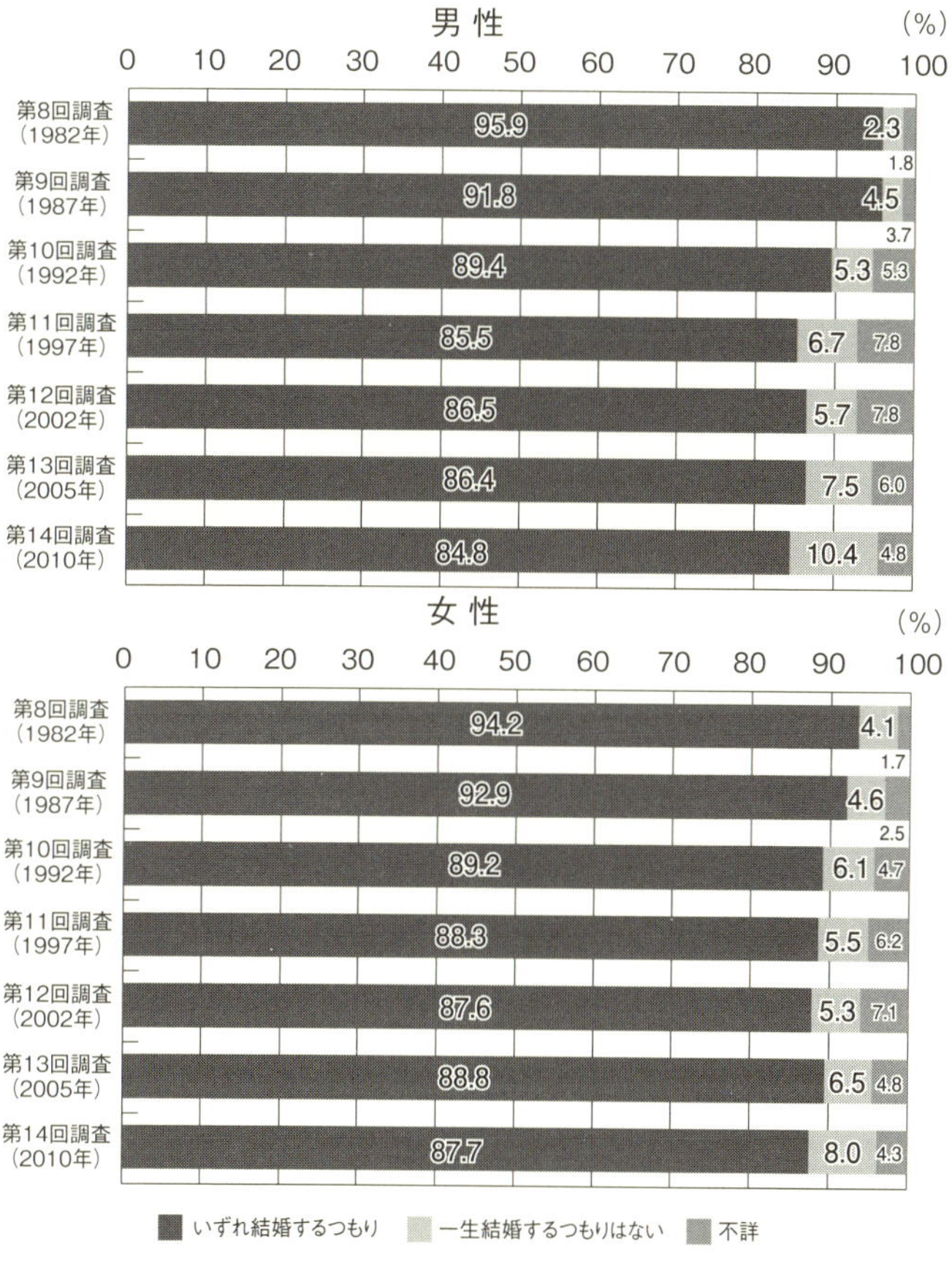

資料：国立社会保障・人口問題研究所「出生動向基本調査」、厚生労働省政策統括官付政策評価官室作成

（注）対象は、第8回～第9回調査については18～34歳未婚者、第10回～第14回調査については18～39歳未婚者。

上野　だから、その10％の男性も選択的な意思か否かは、本当のところはわかりません。ほかのデータ（総務省就業構造基本調査）を見ると、まず男性に限って言うと、男性の婚姻率と年収がきれいに相関しています。男性の正規・非正規の雇用形態別と婚姻率、これもきれいに相関している。その上で、いまの10％がどこに分布しているのかを知りたいですね。

水無田　そうですね。それがわかるような形であぶり出そうとしているんですが、現段階ではその質問肢をつくる際のとっかかりが欲しいという状況です。先ほどの「一生結婚するつもりがない」女性の数値は28年前は4％で、いま8％です。

上野　女性の確信犯シングルは、わたしの世代までは1％未満だったと思います。それが4％に増えて、それから8％に増えたわけ？

水無田　1982年で4・1％、2010年段階で8・0％ですね。男性のほうは18〜39歳の世代ですが、82年の段階で積極的に「一生結婚するつもりがない」男性は2・3％でした。それが2010年段階では10・4％になっています。

上野　男10％、女8％だと、つり合わないですね。

水無田　そうですね。男性は、かつては積極的シングルが2・3％しかいなかった。82年段階で女性は4・1％が積極的シングル。これは旧労働省が発表した統計結果で、元データは社人研（国立社会保障・人口問題研究所）です。

上野　じゃあ、女が多かったのが、男が追い越した、と。

水無田　80年代後半くらいに男女が同水準になり、90年代に入って追い越しちゃっていますね。

確信犯シングルの実態

上野　このデータの変遷自体、論ずるに値しますね。なるほど80年代と言えば、いわゆる「女の時代」と呼ばれて女性の雇用が拡大した時代ですね。ずっと言ってきましたが、女にとって結婚は生活保障財、だから結婚しないという選択肢はなかったんですよ。それが女性の雇用が拡大してから、生活必需品が贅沢品に変わったと言っているんだけど、そうなるとこの4・1%という数字は「選んでシングル」だと思う。

その当時適齢期を迎えた世代の中に酒井順子（＊）さんたちがいます。この人たちが「負け犬」世代の先駆けじゃないですか。バブルを謳歌して。彼女たちを支えたのは自分自身の稼得力というインフラ、プラス親の経済力というインフラです。夫のインフラに依存するよりも親のインフラに依存するほうがもっとラクで確実だという要素があって、この人たちが「なし崩しシングル」になっていった。こういう経過でしょう。

同じ頃に男の積極非婚派が2・3%。この当時の男は、自分が努力しなくてもいずれ配偶者

＊エッセイスト。『負け犬の遠吠え』がベストセラーに。

はついてくるであろうと、まったく慣習的な期待をもっていたということね。その当てが外れていったというのがこの間の流れ。

それが、2010年で今度は女が8％になった。女が8％になるのはわたしにとって不思議じゃないけれど、男が10・4％になったことについては水無田さん、どう解釈します？

水無田　一つには雇用環境が悪化してきているということ。それから、よく学生のアンケートなどを見て思うんですが、小遣い制で自由になるおカネが減り、なおかつ時間も家族のために多く割かなければならない。そういった自由がないということに対する抵抗感ですかね。

上野　この10・4％が、低階層に集中しているかどうかはわからない？

水無田　直接関連づけるデータは出せませんが、ただ低所得層ほど男女とも結婚や恋愛に消極的になるのはわかっています。そこから考えられる仮説ですが、所得や安定した雇用環境などの社会資源の配分が低い層ほど、結婚や出産など決断の心理的コストが高い家族関連行動には消極的になり、やがて視野に入れておくのすら負担になり、人生の選択肢から消去する……。というかたちで、積極的非婚派が増加している可能性はあるかと。

上野　いまの水無田説はそれを裏付けますね。

結婚するとソンをする

水無田　たぶん大枠では、若年層ほど妻子を養うことが経済的に無理になっている。でも高年収層でも何で積極的非婚なのか、そういう人たちにこれからインタビューをする予定があります。そこはすごく気になっているところなので、ぜひ上野さんにお聞きしたかったんです。

上野　わたしには別な仮説がありますが。その前に言っておきますと、おそらくこれは結婚できない状態を「しない」と言い換えるというある種のレトリカルな自己防衛でしょう。

90年代に学卒後もなお親と同居し、基礎的生活条件を親に依存している未婚者のことを「パラサイト・シングル」と名付け、流行らせた社会学者の山田昌弘さんが、非常に明快な研究結果を出していきます。

「なぜ結婚しないか。なぜなら、男女ともに結婚すればソンをするから」と。

ソンをするからの「ソン」の中身が男と女とでは違っていて、女は時間を失い、男はおカネを失う、という非常に明快な結論を出しているんですね。女が時間を失うと感じるのは家事と育児の責任を全部背負うという結婚観をもっているから。男がおカネを失うと感じるのは、男は一家を養うという結婚観をもっているから。そのとき山田昌弘さんが出した結論は、男が稼ぎ主婦が家事・育児をする「男性稼ぎ主型モデル」のような保守的な結婚観を維持している男女は、ともに非婚化する傾向がある、というものでした。

保守化、専業主婦志向が「嫁き遅れ」を増やしている

水無田　逆に言うと、80年代後半以降、90年代以降の生まれでは、むしろ保守的な層が再生産していっているように私は思うんですが。

上野　ちょっと待ってください。保守性というのを何で測るかということなんですが。意識を測れば、確かに専業主婦指向等の変化は起きているかもしれません。それを「保守化」と呼ぶかどうかは別問題です。それに、婚姻率が上がったり既婚女性の無業率が上がるという具体的な変化で、その保守化が現れたかというとその気配はありません。2000年代に入ってから既婚女性の無業率はやや上昇していますが、それは保守化のせいではなく、不況で職を失ったせいです。あなたの言う保守性とは何ですか？

水無田　旧来の、性別分業肯定的な家族観に親和性が高いということです。たしかに婚姻率は低下し、既婚女性の就業率は増加の一途を辿っているので、「女性の社会進出」は進んでいるように見えるのですが、その内実、家庭観は極めて保守的なように見えます。「意識調査」の

結果と、「社会生活基礎調査」等からあぶり出される女性の家事時間の長さですね。保守的な性別分業への肯定派が増加し、女性の一日あたりの平均家事時間もむしろ増加傾向にあるので、心理的な意味でも具体的な時間の使い方でも、旧来の「いいご家庭志向」が高まっていると判断できます。過去30年くらい、既婚女性の就労率が上昇しているにもかかわらず、夫婦の家事総量の85%を妻が担っているという傾向に変化はありません。既婚女性は、平均一日5時間以上家事に時間をかけている。既婚・未婚を問わず性別で見ても、平均して女性は男性の5倍の時間を家事に費やしています。

そうすると山田先生が以前から言われているように、あるいは多くの人が薄々気づいているように、女性は時間貧困に陥りやすい。就労時間だけではなく、アンペイドワーク（無報酬労働）も含めると、女性は一日あたり平均で男性よりも1時間近く長く、全年齢階層で男性より睡眠時間が短い。文字通り、女性が寝る間も惜しんで保守的な家庭像を維持することに汲々としているのが推察できます。

家庭だけではありません。幼稚園や学校など教育現場は、まだまだ「いざというときには、子どものために身体を空けておける専業主婦のお母さん」が前提で、少子化で子どもも保護者の数も減り、母親の就業率が上がっているのに育児の現場は保守的なままです。これにあわせて生活スタイルを選択すれば、自ずと保守的にならざるを得ないでしょう。実際、子どもの学校のＰＴＡ活動などに参加すると、わたしは二流母なんだなあ、としみじみ実感します……。
既婚女性へ期待される役割は、わたしは「家事と家庭責任の完全一体型結婚」と呼んでいますが、これは男性の「ジョブとメンバーシップ完全一体型の雇用」を埋め合わせるためにケアワーク（＊）を完全に妻に丸投げするモデルですね。それをやらないといけないということ。この組み合わせを維持しようと思うと、わたしは「昭和妻」と呼んでいますが、高度経済成長期的な専業主婦志向にならざるを得ない。もっとも、現実にはいまや一生専業主婦でいさせてくれる稼ぎのある男性は稀少ですから、旧来の結婚願望をもっている昭和妻志向の女性ほど、いわゆる嫁き遅れてしまうという傾向がある。

上野　いま言われたそのタイプをグローバル・スタンダードに言い換えると「男性稼ぎ主（メイル・ブレッドウィナー）モデル」と言います。ただ、あなたが心配する保守化についてそんなに深刻に考えていないのは、わたしは下部構造（インフラストラクチャー）決定論者なので、どんなに保守化しても保守的なメンタリティを維持するインフラが解体してしまえば、それは実現できなくなるからです。

水無田　そこなんですね。下部構造が変化しても、上部構造である意識がなかなか変わらないとき、不幸な人が増える。わたしはそれを危惧しています。女性に関しては、保守化しても、それを可能にするインフラが解体していることに女性のほうがどうも目を向けていないような

＊家事や介護など家庭内のルーティンワーク。

……。むしろ、自分だけは安定した稼ぎのある「いい男」をつかまえようと、必死になっているように見えるので……。最近、わたしは若い女性の結婚への夢と希望と野望を変えさせるのは「不可能」と悟りました。

上野　男もそうだと思いますよ。保守的なメンタリティを支えるインフラが変わってしまったときの意識と現実とのズレが、男女ともにとんでもない困った現象として出てくる可能性はありますけどね。

インフラのほうが変化してしまったから、いくら保守的な意識があったとしても、データの上で婚姻率の上昇とか出生率の上昇というようなトレンドを生み出すとは到底思えないので、そのへんではわたしのほうがあなたより、もう少し長期のタイムスパンで見ているし、もっとクールですね。

水無田　そうですか。そんなに影響は大きくはないと？

上野　意識の変化よりインフラの変化のほうがもっと影響が大きいからです。どんなに保守的でも、インフラがそれに追いつかなければ、その保守性は現実化できません。だとすれば結果として、90年代に山田さんたちが予測したように、保守的な結婚観をもつ男女が非婚化するという傾向が出るでしょう。

それにわたしは若い女性の専業主婦志向を「保守化」とは見ていません。小倉千加子さんが

「新・専業主婦志向」と名づけたように、ネオリベ的な競争社会から退出して経済的に恵まれた暮らしがしたいという願望を、ジェンダーの用語で言い換えただけ。結婚・出産しても夫と子どもの利益を最優先したいとは思っていません。そのぐらいには若い世代の女性の意識は変わったのではないでしょうか。

そういうふうに考えると、男性の10・4％の分散がどうかにも関心がありますけど、女の8％の分散はどうなんでしょうか。学歴、経済階層、あるいは親との同居の有無とか。

水無田　女性の積極的非婚派と男性の積極的非婚派の間には、おそらく大いに理由の差があると思うんですが。

上野　はい。わたしもそう思います。男女は非対称だと思います。

女性の積極的非婚は合理的選択

水無田　女性の場合は、結婚によって圧倒的に男性への所属の意味が大きくなってしまうので、それに対する反発心を持つ、はっきりとそれは嫌だと言う女性が増えたのは事実だと思うんですね。

上野　結婚と所属は区別したほうがよいでしょう。結婚しても被所属感を持たない女もいるし、反対に結婚でなくても被所属感を持ちたい女もいます。結婚願望が低下しても恋愛願望はなくならない。「壁ドン」に象徴されるような「オレの女」的な被所属感を持ちたい女の願望が、どうしてここまでなくならないのかと思うくらいなので。それよりもインフラを持ち始めた女たちの結婚に対する選択性が高まった結果だと思うんですけどねぇ。

水無田　「壁ドン」ですか……。上野さんと壁ドンについて語る日がこようとは。わたしも、実は女性の萌え消費市場について論文を書いたりする必要から分析したことがありますが、「顎クイ」だの「床ドン」だのと、最初は相撲の技みたいだと思いました。こういう現象を見ると、女性の被所属感も、パターン化された動作類型によって半ばパロディ化されていますよね。それだけ、わかりやすい「俺の女」コンテクストに萌える女性が、いまなお多いということなんでしょうね。

少女漫画や、少女漫画に性描写が加わったような新ジャンルのTL（ティーンズラブ）などの女性萌え消費市場では、まさにヒロインを「俺の女」扱いする「俺様」「S彼」などにジャンル分けされていますし、需要も大きいですから。なぜあえてエンターテイメントジャンルで、自分でおカネを払ってまで架空の男性に威張られたいのかと思うのですが……。

上野　現実には稀少だからこそ、フィクションに萌えるのでしょう。実力も伴わないで「壁ドン」されるのは、たんなるDVかストーカーですから（笑）。

水無田　以前から、社会が変わるにはどうすればいいのかといったことをいろいろな場面で聞かれるのですが、結局、なし崩しに男性の稼得能力が総体的に低下することから派生して、なし崩しに変わらざるを得ないでしょうね、と答えたりしています。その点では上野さんと同じく下部構造の変化は避けようがないとも思います。ただ、下部構造の変化が、どのようにして特定の上部構造へ結びつくのか。その間にあるものも、分析したいんです。

それから近年日本では産業構成比も大きく変わっていますよね。男性を主に重用する製造業分野がどんどん失速して、いまでは三次産業が全就業者のおよそ7割くらいを雇用しています。とくに伸びしろが大きいのは医療・福祉分野で、これは圧倒的に女性を活用する雇用市場ですね。そういう形でいわゆる「男性不況」といわれる状況になってきて、もっと言えば若年層ほど男性の賃金水準が低いので、既婚女性は働かないと家計維持は難しい。

ですからいわゆる「女性の社会進出」は、家庭からの押し出し要因と雇用の場での引っ張り出し要因とがかみ合っているのですが、しかしそれは「パートの中高年女性」が増えているのが主要因であって、丸の内あたりを肩で風を切って歩いている「キャリアウーマン」……もう死語でしょうか……が増えているわけではないんですね。

いま、日本社会で進行しているのは、なし崩しの男女平等であって、わたしは「後ろ向きの男女平等」と呼んでいるのですが、産業構成比や生産年齢人口の減少など構造的要因から女性の就業が増えざるを得なくなってきている。どうしても共働きということならば、いままでのような形の「ケアワークを妻に丸投げ型の男性」をメインストリームの労働者に据えておくというやり方はムリになってくる。

だからわたしは、そこはソフトランディングさせたいと考えているんです。なし崩しに行われていくものに対して、社会保障制度なども家族世帯前提の設計を改訂し、個人化していくべきだと考えているんです。さらにソフトランディングのためには、文化戦略として保守的な家族観やジェンダー規範も変えるべきだと思っています。そうでないと、社会構造の急変に対応できない人たちが多数出てしまう。アノミー（社会の混乱、無秩序）が急速に拡大すれば、それだけ不幸な人が増えるでしょう。そうなる前に、少しづつ幸福感の刷新も含めた文化戦略をとるべきだと思っています。

上野さんは、下部構造が変化すれば自ずと時代的要請から上部構造が変わるとおっしゃっていますが、やはりハードランディング派なんですか？

上野　いいえ、ハードランディングしないほうがいいと思いますよ、コストが大きいですから。あなたが保守化、保守化と言えば言うほど、それは少し無理なのではと。あまり意識の変化が起きないところにインフラの崩壊がこれだけ起きれば、その軋轢でハードランディングは起きざるを得ないこともあるだろうと悲観的なんです。

いまの話を聞いておもしろいのは、産業構造が変わって雇用も崩壊して、男性でさえ非正規雇用が2割を超してますね。そうすると仮に正規雇用者の男性全員が結婚したとしても8割に満たない。だとしたら、女の側で2割あぶれるのはあたりまえのことでしょう。

水無田　でも現実の生活の場では、恐ろしいほど旧来の性別分業が変わってはいません。たとえば育児の現場だと、わたしは近隣の子育て支援活動もやっているのですが、本当に専業主婦前提の言説が多いんですね。たとえば幼稚園などのお迎えにお父さんが行くと、「あっ、お父さんですか。あー、じゃあ、お母さんがきたときにお話しすることがあるので、また後日」という感じ。放り出されてしまう……。育児の場の男性疎外も、改めなければならないと思います。

上野　いまの専業主婦というは育児専業ですから、育児期間は短期化し、職場復帰も早期化している。保育児童の低年齢化というのは、はっきりトレンドとして出ています。

水無田　トレンドとしてはあるんですよね。ただ復職後、前職と同レベルの職につけるか、あるいは育休取得後に職場復帰して昇任・昇給ができるかというと……。

上野　そこは以前から大きな問題で、それが女性の非正規雇用率を6割に押し上げている大きな理由です。ですから、こんなこと割に合わなくてやってられないと思う女たちが出てくるのに不思議はない。確信犯シングルが8％いるというのは、そういうことでしょう。

水無田　合理的選択だということですね。

上野　ただ、そうなると、男はシングル・バイ・フォース、女はシングル・バイ・チョイスというねじれはあるかもしれませんね。

高所得層の男にとって家族はリスク

水無田　そこですね。やむを得ずではなく、あえて非婚を選ぶ高年収階層の男もいるとすれば、相当数になるのか、そこがいまちょっと気になっているんです。

上野　日本が世界でスウェーデンに次いで2番目にトップとボトムの賃金格差が小さい中流社会だといわれたのは70年代のことです。わずか30年でこれほど格差が拡大してアメリカ化が進んでしまった。

経済階層別の男性の婚姻率データでは、年収と婚姻率はみごとに相関しています。ですが、年収1000万円超の層でも5%前後の非婚者がいます。この人たちがどういう理由で結婚しないかは調査してみないとわかりませんね。ただし生活満足度でいうと、年収と満足度は比例していますが、年収1000万円超になると、やや満足度が低下することが知られています。満足度の低い割合は同じ層の非婚率よりも高いので、既婚者でも満足していない人がいることがわかります。この人たちにとって結婚生活とは何なのか。

たとえば高収入の金融系ディーラーをやっている男たちにとっては、家族が完全にコストになります。そういう仕事についているグローバルなジェットセッター（自家用機やファーストクラスを使って世界中を飛び回る人たち）たちはたしかにいます。そこにもし、かつてのように夫の不在を前提に黙々と子育てや介護をやってくれる女がつかなかったら、つまり夫に家事・育児参加を要求するような妻なら、本当にコストになりますよね。ただしそこまでの高収入なら、家事・育児はカネで外注できます。それは外国を見ていてもそうです。

水無田　なるほど。

上野　女にとっても男にとっても、ハイレベルの労働者たちにとっては、家族はコストです。家族はコストでありリスクです。その傾向は出ていると思う。

水無田　家族を維持するのが高コストだから結婚しない高所得層というのが、確実にいると。

上野　いると思いますよ。たくさんいるとは思わないですが。

水無田　戦後一貫して格差は広がってきたという議論もありますが、そうなると低所得層は経済的理由で家族を持てず、高所得層は競争の激化にともない、コストに対してシビアになり、これもまた家族を持つインセンティブをもてないということでしょうか。

上野　『21世紀の資本』で格差を論じたトマ・ピケティ流にデータベースできちんと言わないと。

経済階層別の男性の婚姻率データ

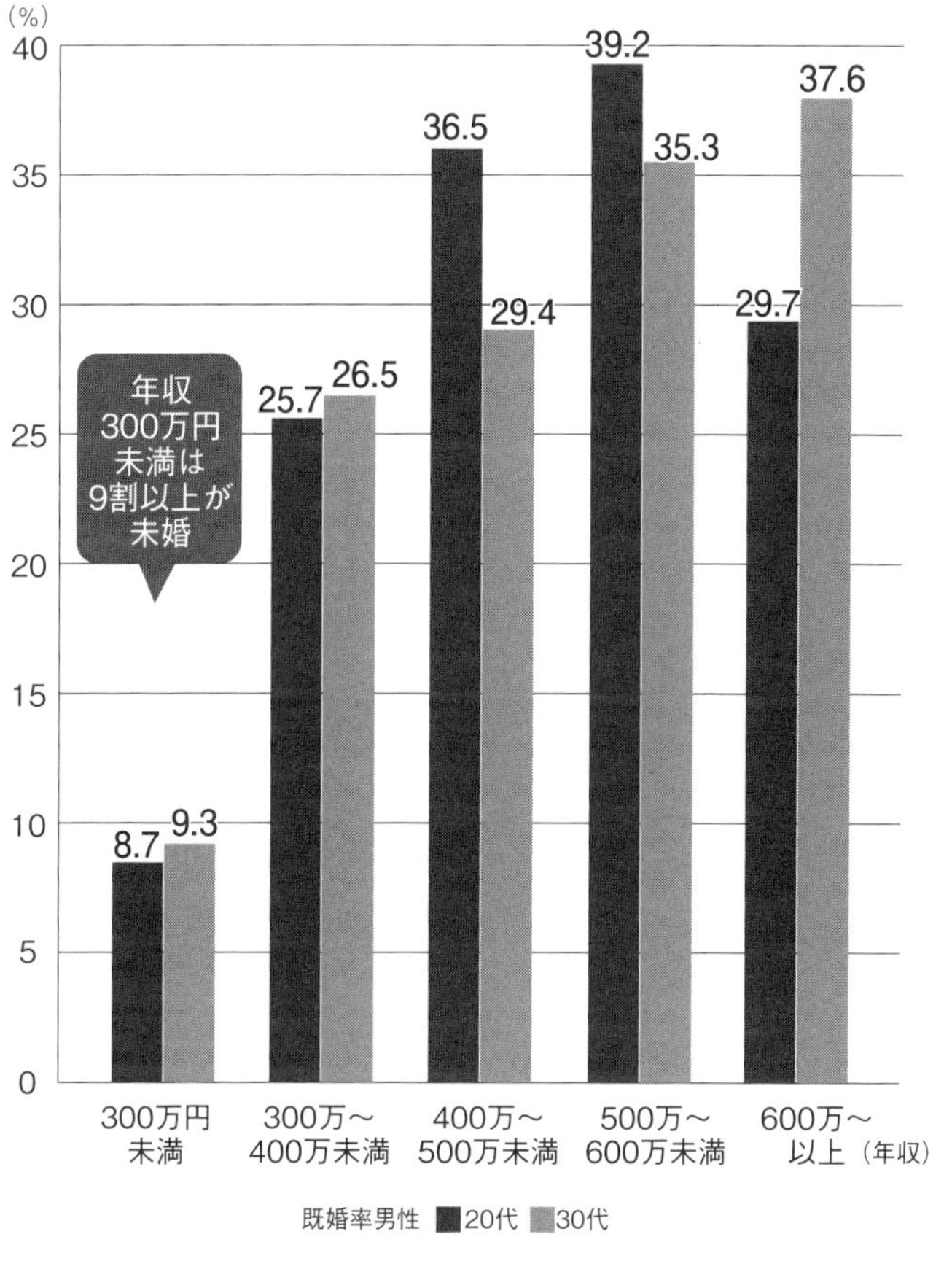

出典：内閣府

賃金格差が最も小さかったのは70年代です。学歴間賃金格差も企業間賃金格差も最小だった時期です。生涯賃金には差がありますが、初任給が大卒と高卒で限りなく近くなってきた。

60年代から70年代にかけてはおもしろい時代で、わたしはその当時をリアルタイムで生きていますから、あなたに生き証人としてしゃべることができます。当時は工場勤務の労働者が自分の職業欄に「会社員」と書いた時代です。そういう時代があった。その後80年代から格差の拡大が進んで90年代になってそれが非常に大きくなった。

たとえば日産自動車のカルロス・ゴーン社長と平社員の賃金格差は、70年代の日本では考えられないことです。平社員と社長の賃金格差がおよそ3倍といわれた時代ですから。ところが、そこが日本との大きな違いなんだけど、アメリカはあの当時からメリトクラシー（業績主義、能力主義）で資格と学歴による格差が日本よりもっと大きいところでした。初任給の平準化も起きていません。ＭＢＡ（Master of Business Administration 経営学修士）の資格をもっていたら最初から初任給が同年代の人たちの4倍からスタートする、みたいな。それから見ると、日本はとうていメリトクラシーの社会とは言えませんね。

水無田　いわゆる同期の新卒一括採用。年齢階層がそのまま、年功賃金に反映する。これってかなりガラパゴスですよね。

上野　たしかにガラパゴスですが、実はいわゆる日本型経営システムというものの生まれ場所は1920年代のアメリカだというのは、通説になっています。

水無田　地域コミュニティの問題も、全部20年代のアメリカがモデルですね。

上野　そうですね。それが高度成長期に成功体験をもったせいで慣性化したという……。

高度成長期が日本人の生活の大きな転換点

水無田　その成功体験が、まるで伝統文化のように社会に根づいていると考えている人たちが本当に多くて……。

上野　多いです、多いです。そんな「伝統」の根っこは浅いのにね。ほんの近過去ですよ。

水無田　古くから、女性が家で家事・育児に専念してきたというふうに言う人が本当に多いですが、これは職住分離型の働き方が浸透してからのことです。伝統社会の第一次産業従事者が多かった時代には、当てはまりません。日本では明治維新が起きたとき、9割近くが農業・漁業民だったわけですからね。

上野　明治維新どころか、高度成長期の直前、50年代までは、日本は農業国ですからね。1960年代は、「生活革命（*）」と呼ばれて、その前と後で生活の仕方が最も激しく変化した時代です。あなたがさきほど言われた産業構造でいうと、50年代までは第一次産業就業者比

*農村型自営業から都市型雇用者のライフスタイルへ大規模な人口学的変化が起きたことをこう呼んでいる。

率が3割台、それだけではなく兼業農家まで入れると農家世帯率が5割を超えていました。
　わたしが属する団塊世代を軸に考えてみると、自分が親と同じ生活をしてきたかというと、そんなことは全然ない。親とまったく違う生活、親の知らない人生を送ってきているのに、それが昔からあったように思い込んでいるんですね。そしてこれから自分の子どもたちが自分と同じような暮らしができるとは限らないことを、いま団塊世代の親は思い知らなければいけないんです。

水無田　上野さんたちの世代のお母様たちというのは、産業構成比から考えると、既婚者は「農家の嫁モデル」というのが多いパターンですね。そのあと、「サラリーマンの妻モデル」に大きく変わっていきます。それを私は、「既婚女性のジョブ・チェンジ（＊）」と言っているのですが、所属というか、その生活スタイルもずいぶん変わりました。農家の嫁は重労働ですし、家事・育児、ヘタすると介護労働までついてくる。でも、いまの専業主婦のようなきめ細かな家事や育児は求められず、育児なども農作業を引退したお年寄りや年長の子どもが見ているのが普通だったので、家事育児が妻だけに課せられているわけではなかった。

上野　農家世帯は「専業主婦」のいない「一家総労働団」ですよ。

水無田　労働団！　なるほど。親族共同体一丸となっての労働集団ですね。そういう形で変わってきたにもかかわらず、旧来からあるかのように思い込んでいる。たったひと世代で人間は、

＊某シュミレーションRPGで、累積経験値に応じて「役割（ロール）」を演じるためのキャラクターの「ジョブ」が変更されること。戦前から戦後にかけて劇的に変わった日本の既婚女性の役割変化をこれにたとえている。

累積婚姻率の推移

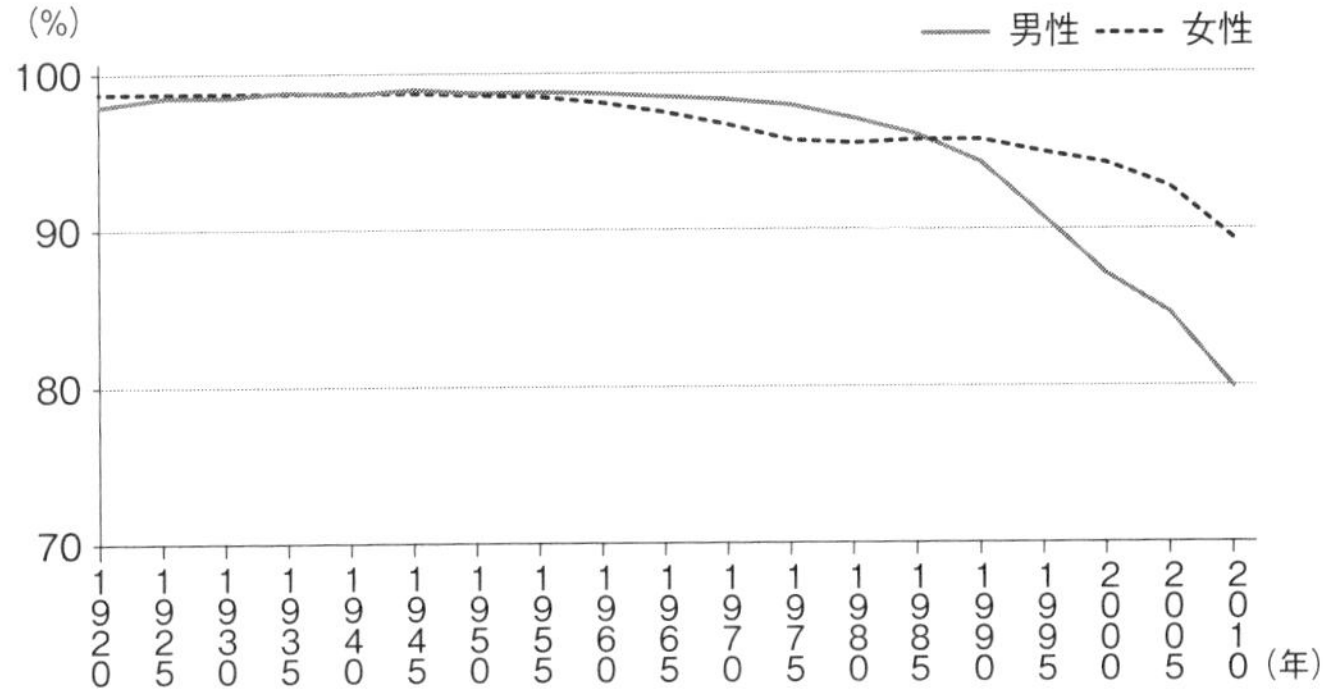

累積婚姻率 ＝ 100 －生涯未婚率（%）
生涯未婚率は、50歳時点で一度も結婚をしたことのない人の割合

出典：総務省統計局国税調査

婚姻件数及び婚姻率の年次推移

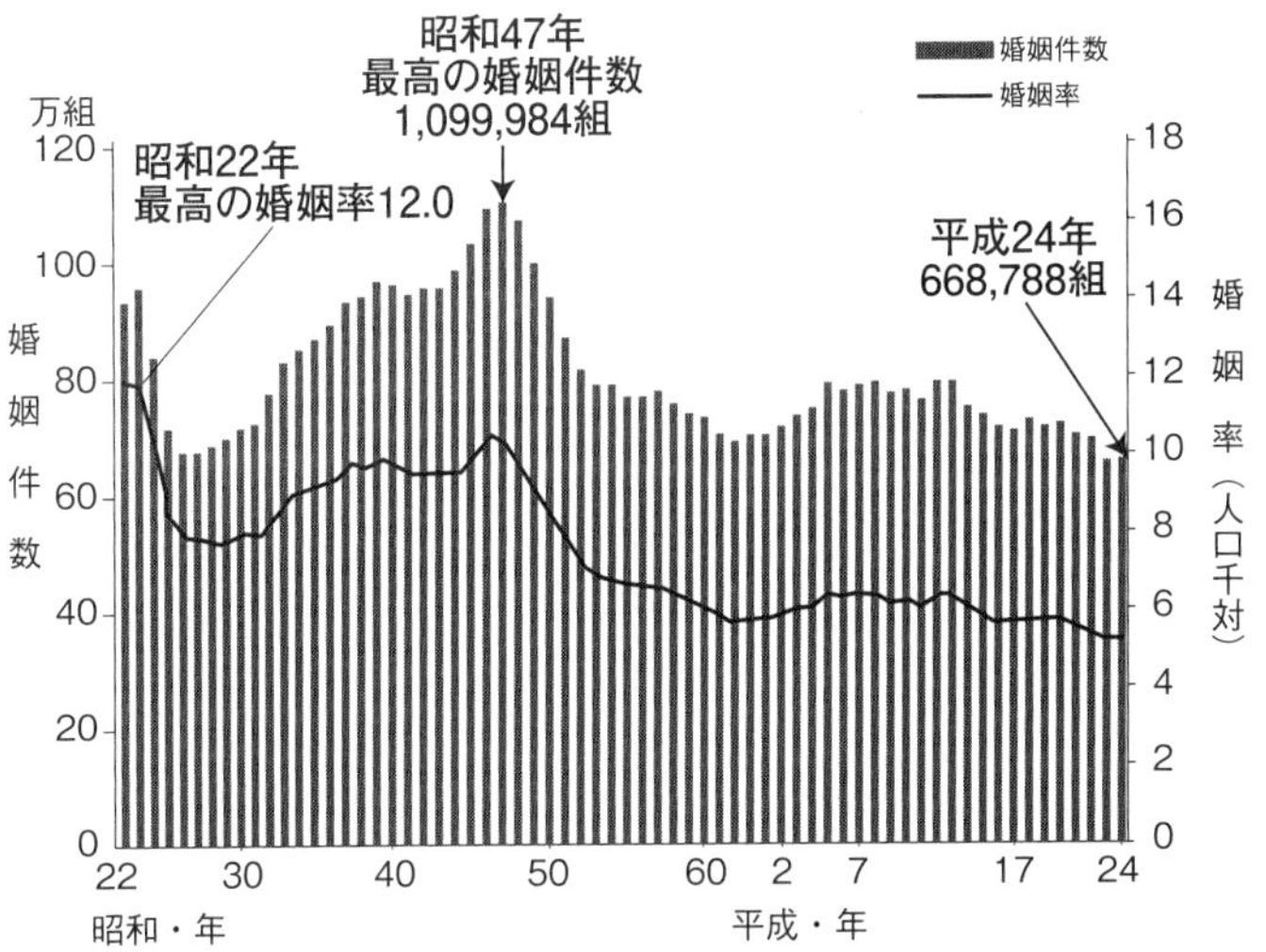

出典：厚生労働省「人口動態調査」

●婚姻率は該当の年に人口千対で何件の婚姻件数があったかの割合、婚姻件数ともに、適齢期の男女人口の動態に影響される。累積婚姻率は生涯に一度でも結婚した経歴のある男女の割合。ここでは生涯非婚率（50歳時に婚姻経験のない者の割合）を100%から引いて算出した。

ジェイン・ジェイコブスが言った「集団的記憶喪失」になってしまうんですね。

上野　本当にそう。4年で「3・11」を忘れるとかね。実に速いですよ。

産業の工業化で婚姻率が上がった

水無田　先ほど言った賃金格差の問題ですけど、社会学者でシカゴ大の山口一男教授が、日本は高卒男性と大卒女性を比較すると、高卒男性のほうが出世し管理職についていると指摘しました。生まれながらの性別のような属性が、これほど後天的に獲得する社会的地位に影響を与えるのだったら、これはもう封建社会と変わらないとも言ってます。逆に言うと、男性の社会的地位のアドバンテージがあったおかげで、高度成長期の日本では、高卒や工場労働者の男性でも普通にマイカー、マイホームをそろえて専業主婦を養うことが可能だったわけですね。

上野　1950年代から60年代にかけて婚姻率が上昇します。累積婚姻率がピークに達するのは60年代半ば。そのときに、男の累積婚姻率がほぼ97％、女は98％です。これが日本記録で、その後低下が起きたので、わたしはそれを「瞬間最大風速」と呼んでいます。「全員結婚社会」とか「皆婚社会」とか呼ぶひともいます。異常な「結婚大好き」時代ですね。

水無田　「瞬間風速婚姻率」。たしかに……、先進国では異常なほどの高婚姻率がたたき出されていますね。

上野　婚姻率が上がった理由は、いまあなたが指摘されたように工業化です。工業化のおかげで、農家世帯から離脱していった次男坊、三男坊が世帯を構えることができるようになったのが理由です。同じ時代に出生率はずっとコンスタントに低下しているんですね。出生率が低下しているにもかかわらず子どもの出生数が増えたのは婚姻率が上がったからだと思います。

水無田　そうですね。親の財産をもらえない次男坊、三男坊でも工業化によって安定した職を得られるようになり、女性を獲得できるようになった。このような国民生活の平準化というか、男性が誰でも平等に結婚できるようになったため訪れた皆婚社会は、高度成長期に成立したものなんですね。

全員結婚社会こそ異常な時代

上野　そうなんですよ。落合恵美子さんは「再生産平等主義」、もっとあからさまにいうと男の間での女の分配平等と呼んでいますね。その前は、次男坊、三男坊は「部屋住み（＊）」と言われました。所帯を構えることができなかったからです。この人たちは、長男がいなくなったときの繰り上がり当選の予備軍なんです。

＊江戸時代、家督相続できない次男以下のものをいう。一家を構えることができず、一生戸主の家に居住することからこう呼ぶ。

水無田　要するに長男の予備ですね。

上野　スペアです。『東北の神武たち』（深沢七郎著、1957年）にそのことが活写されています。この男たちは女が調達できなかったかというと、セックスはできた。ただし、結婚はできない。こうした人たちが、これも統計がないのではっきりつかめていませんが、同年齢人口の2割くらいいるというのが定常状態だった。それが前近代の社会だったと。

水無田　まあ地域差はありますけど、確かにそうですよね。江戸時代だと4、5人で〝囲い遊女〟をしたりしていますね。一人で一人の遊女を囲うのはおカネがかかるので、何人かの男で一人の遊女をシェアするんです。遊女シェアリング。

上野　でもそれは、貨幣経済が進んだ都市部の話でしょう？

水無田　江戸時代の都市部ですね。

上野　田舎にはちゃんと夜這い（＊）がありますから。セックスは調達できても、親にはなれない。

水無田　ちなみに、そういう形で、夜這いでうっかり産まれてしまった子どもはどうなるんですか？

上野　婚姻制度とはよくできたもので、妻の産んだ子どもを夫の集団に所属させるためのルールなんです。だからタネは問わないんです。

＊成人した若者と娘が婚姻前に共同体的規制のもとで自由に性交渉を持つ習慣、明治期まで続いた。

水無田　それが、どのようにして明治維新後の旧来の家父長制につながるんですか？

上野　家父長制は明治民法において強化されました。家長の許可なしに成員が結婚できないとか、処女性の価値の上昇とか。『夜這いの民俗学・夜這いの性愛論』（ちくま文庫、２００４年）という本を書かれた民俗学者の赤松啓介さんからわたしはたっぷり話を聞きましたが、「夜這い子」と呼ばれたんだそうです。

水無田　夜這い子。おもしろいですね。

上野　赤松さんは播州・岡山がフィールドワークの拠点ですが、あのへんで聞いた話として語ってくれたの。赤ん坊をあやしながら「この子はわしにちいとも似てへんねんけどなぁ」。共同体がその一家の子どもだと認めるから、たとえ家長であっても否定できないんです。

水無田　なるほど。伝統社会の婚姻は、家という組織同士のＭ＆Ａ（合併・買収）みたいな感じですね。

上野　そのとおりです。そのＭ＆Ａのトップは一人でいい。スペアが何人いたってその人たちが家をつくれるわけではないですから。

水無田　そうするとやはり、一夫一婦制のヘテロセクシュアル（異性愛者）の今日的な結婚制度が、まるで１０００年前からあったかのような言い方が流布しているのはかなり変な話になりますね。

上野　1970年代に近代家族論がヨーロッパから入ってきて、ヨーロッパでもそんなものはなかったという神話崩しが起きた。学問の世界では起きたパラダイムシフトが、一般の世界では起きてないのかもしれませんけど。

水無田　まったく起きていませんね。その落差を埋めるのが結構大変です。まったく、その位相が合わない。

上野　ふむふむ。あなたが集団的健忘症と言われたように、100年前にさかのぼれば重婚は普通だし、子どもが生まれなくたって正妻の地位は揺るがないし、子どもがいなきゃよそからもらってくればいいだけだし。

水無田　血縁とか血を分けた子どもの嫡流にこだわるというのも明治期以降のことですか？

上野　そう言われています。家族の中から非血縁者と傍系親族を排除していったと。これもインフラの変化から言うと、怒涛のごとき工業化のせいですね。

水無田　そうですね。産業構成比が大きく変わっているにもかかわらず、あまり家族を論じるときに包括的に語られなくて感情的なところばかりが……。

上野　1世紀とか2世紀くらいの歴史的タイムスパンで考えると、いま起きている非婚化も、実は何でもない普通のことになるでしょう。前近代では、人口の2割ほどが非婚の男女だった。それがあたりまえと言ってしまえば、「全員結婚社会」というのはいっときの異常な時代だったんだと。その時代は歴史上の一過性のできごとで、二度と再び帰ってこないとも言えるんですが。

一生結婚できないという女子大生の不安

水無田　わたしが授業でそれを言うと、女子学生に泣かれたりするんです。

上野　どうして泣くの？　あなた、そんなウブな女子学生に教えているの？

水無田　一生結婚できないんじゃないかという不安。どうしたらいいんですか？　と。とくに女子学生にその不安が募っている。情報化が進みすぎているということがありまして、とにかく先達の失敗の轍を踏みたくない。情報社会は、ある意味不幸なことに若い子をすごく耳年増にするんですよ。で、ちょっと不安傾向のある女子学生は、とにかく結婚しなきゃと思いこんでしまう。

上野　耳年増だとしたらいろいろ多様な情報が入るはずなのに、いまの話だとむしろ、標準的な規格への同一化が進んで、その規格からはずれるのを恐れるというふうにしか聞こえませんが。

水無田　失敗の実例を聞きたくないというか、不安な材料ばかり集めちゃうんですかね。あれは不思議な現象ですね。確かにこれだけ情報化が進んでいるので、多様な結婚のあり方が認められていいんじゃないかと、授業では話すのですが、なぜかそっちのほうに耳を傾けてくれない。

上野　いま大学生もやたらと数が多いので、どの程度のランクですか？

水無田　中堅どころと思っていただけると。

上野　結婚を生活保障財だと考える女子学生たちですか？　つまり結婚できないわたしは生きていけない、と思っている学生さんたちなの？

水無田　泣いた女子学生がいたのは、わりといい大学なんですけど、言われてみたら生活保障以上に自己承認としての結婚を求めているように思います。授業後のリアクションペーパーを読んでいても、いわゆるトップではないけれど、その下くらいの中堅女子大生が不安傾向が高いような気がします。キャリアか家庭かでいえば、家庭志向です。もっと上の高偏差値大生になってくると、ファミリーフレンドリーな会社に内定をもらいたい。自分の生活レベルを落としたくないのでがんばって結婚の相手を見つけたいです、みたいになるんですけど。

上野　それは自分の稼得力に自信があるということでしょう。泣いた子たちは、親の経済力はいいのかな……。

水無田　そういえば、そこそこいいですね。

上野　でも、自分の稼得力には展望がない？

水無田　それがいい会社に内定をもらっていたりする子もいるんですよ。なのに不安だというのは、やはり承認の問題ではないかと。そこそこ勉強はできても、高度キャリアを築く自信がないという層です。不安の解消のためには、結婚によって承認されたいのでは。うーん、考えたら、日本は図抜けたキャリア志向ではない層の若い女性に、安定した自己承認や自信を持たせられない社会なのかもしれませんね。そこは深刻なように思います。

女子の専業主婦願望が上がる理由

上野　80年代以降、正社員のブラック企業化が進んできてから、労働に対する忌避感と恐怖心は、男女ともにあると思う。できれば働きたくない、って。

水無田　ジャーナリストの白河桃子さんが著書『専業主婦になりたい女たち』（ポプラ新書、2014年）で言っています。専業主婦になりたいというのは、家事が得意だからではなくて、家事はやったことがないけど家事が好きだからという女子学生がけっこういる。よく話を聞いてみると、要するに家事が好きなのではなく、家が好きなんだと。

上野　その点では男女差は縮小していると思います。競争的な社会への忌避感や恐怖心は高まっているのではないかと考えています。

水無田　傾向としてそうですね。

上野　女の子にとって結婚は労働市場から退出する言い訳になっていますね。家事が好きとか、結婚したいというようなジェンダーの用語で粉飾できる。けれど男にはそれができないから、引きこもりになるとか、キレるしかない。

水無田　それはまったく同意見です。わたしの授業のリアクションペーパーの回答を見ると、就活時期を経ると女子の専業主婦願望が跳ね上がるという傾向があります。

上野　それは労働を忌避したいということの婉曲語法ですね。

水無田　うーん、婉曲、いいですね、そうですね。

上野　だと思いますよ。その婉曲語法は女性には利用可能だけれど、男には利用できない。

水無田　それで、男性が「家事手伝い」が認められる女子に対するやっかみをもつということですね。

上野　怨嗟と羨望がある。いいなぁ、おまえらは、ひきこもりを「家事テツ（家事手伝い）」って言っていられるんだから、と。

去勢されざる息子と娘たち

上野　先ほどの結婚による承認欲求ですが、今時の女の子は、男に選ばれてはじめて自分の社会的な存在があるというようなアイデンティティを形成してるわけですか？

水無田　たとえば、彼氏が司法試験浪人だったりしていても、貢いでいるんですよ。あるいは夢追い系フリーターの彼氏を、支えてやっていたりとか……。それでも結婚をしたいと言うんですね。だから彼女たちにとって結婚は生活保障じゃないんです。

上野　いまの話は別の解釈もできますよ。「贈与の経済」から言うと、自分の投資がムダになることに対する不安や恐怖かもしれないですね。いまの司法試験は、最大3回しか受けられないでしょう。もし彼が司法試験にことごとく失敗したら、その子はどうするんでしょうね。ほかの男に乗り換えるんでしょうか。弁護士の妻になったわたし、というような将来像が彼女にはあるわけでしょう。

水無田　そうですね。その弁護士浪人と付き合っていた子、その次には別の公務員試験浪人の男と付き合っていました。どうして浪人ばかりを渡り歩くのかというと、こんなわたしを愛してくれるのは普通のエリートサラリーマンにはムリなんだと。ちょっと特異な例でしょうけど。

上野　特異とは思いません。非決定な状態を維持したいのは、自己評価の低さと幼児的な万能感とをともに維持したいから。その点では、男も女も幼児化していますね。これは斎藤環さんの名セリフですが、「去勢」されていない。何一つなしとげていないのに、その気になれば自分にはできるんだという幼児的な万能感から降りることができない。そのギャップを自覚できなくてその状態のまま維持している人たちでしょう。公務員浪人も司法試験浪人もそうじゃないですか。

水無田　そうですね。かつてはそこまでの浪人は許されなかったという社会的な問題もあるし、自分の自意識の問題も当然あるでしょうね。

上野　幼児的な全能感をもったまま現実がそれにともなわない。なのに、それを許容してしまう親たちがいるわけね。

水無田　女性側にも「とらばーゆ症候群（＊1）」みたいなことは前から言われてはいた。「青い鳥症候群（＊2）」ですかね。男性でそういうタイプの、自分はこんなもんじゃないと思っている男たち。

上野　わたしはそれを東大生にいやというほど見てきました。何も成しとげてないのに、自分はその気になればできるんだ、と固く信じて疑わない。

水無田　俺はまだ本気出してない症候群。

上野　もともと男の子にその傾向が強かったですが、女の子もそれに迫ってきましたね。去勢されざる息子と娘たち。女の子は生まれたときから早々と去勢されていたはずだったのに、そうでなくなってきた。

水無田　最近は、男子も女子も「王子」ですから。

＊1 天職を求めて転職をくりかえす女性たちをいう。
＊2 理想を追い求め仕事や大学、恋人を次々と変えていく忍耐力のない若者たちを指す。精神科医の清水將之が提唱。

上野　そうそう。わたしは「女の顔した息子」と呼んでいます。少子化のせいですね。

水無田　男の子みたいに育てられた女子が就活や就業につまずいたあと、急に男の子に選ばれるかどうかの「プリンセスシンドローム」になだれ込み、元から王子待ちの層と婚活市場でバッティングして、レッドオーシャン（血の海）になるという……。

上野　男に選ばれるかどうかも、自分が認めた男にだけでしょう？　誰にでもじゃないですよね。この男にふさわしいわたし、という自己評価がありますから。

水無田　なるほど。そうですね。「プリンスを降りたわたし」が認めるわけですから……。

上野　困ったふうに男女差が接近してきていると思います。

水無田　困ったふうに、ですか？

上野　つまり去勢されざる息子たちに、娘たちが近づいてきた。フロイト的にいうと、娘は「お母さんのおなかの中にペニスを忘れてきた」せいで産まれながらに去勢されていた、つまり子どものときからさんざん「女の子だから」「女の子のくせに」と意欲をくじかれてきたことを「去勢」と言います。

水無田　昔は女性に、まともなプライドを持たせないような形でうまくいっていた。ところがいまは、かりそめに何とか持たせたものが、またもや持てなくなってきているとも言えるんでしょうか？

上野　だと思う。そういう女の子たちは自分のプライドに見合わない男を選ばないでしょう。その彼が司法試験予備軍、公務員試験予備軍である間は価値があるけど、ただの敗残者だったら……。

水無田　あっそうか。何年経っても受からないから次の浪人に替えたのかな。いまのことでわかりました。なんでそう、浪人ショッピングをするんだろうということが。

上野　だから男の未来を買うんでしょう。

水無田　なるほど、未来を買う。

上野　男の現在を買うんじゃなくて未来を買っているのよ。高度成長期の女が「恋愛」の名において「男の将来性」を買ったのと同じです。

水無田　じゃあ逆にすごいエリート商社マンとか言い寄ってきたら……。

上野　コロッといかれるでしょう。

妻に対する選好条件が変わってきた

上野　司法試験浪人に貢ぐ女とは逆に、女に投資する男は滅多にいません。いま司法試験を受ける女性が増えていますが、それを支えるのは男じゃなくて親、それも母親ですね。

配偶者選択の条件に若干変化があるのは、男の間で妻の選好が欧米化しつつあること。つまりエリート男性が妻の条件に稼得能力を求めるようになったことです。比較福祉レジーム論のエスピン=アンデルセンが『平等と効率の福祉革命』（岩波書店、２０１１年）の中の「未完の革命」の項で言っていることですが、シングル間の格差はカップルになると倍になる。だから金持ち同士の結婚は、貧乏人同士の結婚に大きな格差をつけてしまう。

「ダグラス=有沢の法則（*）」というのがありますね。日本の女性の謎は、高学歴になるほど専業主婦率が増えることと言われてきたんですが、謎ではなくて夫に稼得能力があると妻は働かない、という現実がある。これが妥当していたのは１９９０年代までで、２０００年代からは変化が起きています。というのは経済５分階層の第５分位で、妻の有業率が上がっているからです。稼得能力の高い専門職女と稼得能力の高い専門職男のカップルが生れてきています。

水無田　男女とも高所得同士の、「パワーカップル」が増えていますからね……。いま夫婦間格差が広がっていますから、同類婚指向なので、たとえばお医者さんの女性で既婚者の場合、お相手は7割が男性医師だったりする。

上野　男の選好は、「家庭を守ってくれる女」から「稼得力の高い女」に変わりつつある。

水無田　高所得層ほど、そうなっていますね。

上野　それがヨーロッパでは日本より20年前に起きています。ヨーロッパでは妻に対する選好

＊アメリカの経済学者ダグラスが発見、日本の有沢広巳が実証した。夫が高収入だと妻の働く率が低くなる。

が変わった。日本では、いまでも妻の選好条件に出てくるのが容貌と性格。それが最近になって学歴と稼得能力に変化してきた。そういう変化がこれから確実に起きるでしょう。それは決して夫が妻の才能に投資しているからではありません。もともと高い経済階層の親が投資した娘を、同じく高い経済階層の男が選んでいるだけです。

一般家庭にお手伝いさんがいた時代

水無田 アメリカの共働き夫婦を取材をされていたジャーナリストの治部れんげさんとトークショーでご一緒したんですけれど、妻のほうが年収が高いと、夫は自分が家事・育児に専念したほうが合理的だと考えると言っておられました。アメリカ人の夫はあっさりとリタイアするか、セミリタイアして次のヘッドハンティングがくるのを、妻の稼ぎで食べながら待つと。その間に自分のスキルアップをするという新しい生き方の男性がアメリカではめずらしくないと。

上野 それも統計的にいえば、マイノリティだと思いますよ。なぜかと言うと、経済力があれば家事・育児にあたる部分はアウトソーシングできますから。エリート同士の男女が結婚する同類婚では、男女ともに機会費用が高いですから。

水無田 日本の場合、家事時間が長いというだけではなく、家庭責任と家事・育児などケアワークが完全一体型。以前、上野さんが言われていましたが、専業主婦の時間は待機時間だと。わたしもそう思うのですが、それが前提になって男性の働き方がある。育児の場もそうですね。何かあったら電話一本で駆け付けられる専業主婦というのが、未就学児くらいまではあたりまえなんですね。

上野　日本には家事使用人という選択肢がありませんからね。

水無田　いま、フィリピン人の家政婦さんなどを入れようとしていますね。

上野　どこまで本気かわかりませんが、入れたら入れたで問題だらけでしょう。フィリピン人のメイドやナニーが調達可能なシンガポールとか香港のキャリアウーマンにとっては、両立問題は問題でも何でもありませんね。

水無田　たとえばファミリーサポートセンターであろうがシッターさんであろうが、他人を家庭に入れる、ましてや外国人を入れるということに対して、いまの日本ではまだまだ忌避感が強いとされますが。

上野　その忌避感は一過性だと思います。なぜかというと、戦前の中流家庭には、使用人がいるのが普通だったからです。大正時代の給与生活者の住宅、中廊下式の家は、せいぜい60平米くらいの広さなんです。そこにも玄関脇の三畳があって「女中」がいました。わたしは、昭和23年の生まれですが、子ども時代にはわが家にもお手伝いさんがいましたよ。

水無田　そうですね。「女中・下男」がいてあたりまえ、戦後間もない頃までいたようですね。上野さんとわたしの母は同世代ですが、子どもの頃には、実家に姉やと婆やがいたそうです。旧家の農家なんですけど。

上野　いたでしょう。家庭の中にふつうに他人がいた。

水無田　婆やが音痴で、その子守唄を聴いて育ったから、わたしは音痴になったと母がずっと言っていました。母の祖父は村長で屋敷も大きかったのですが、とても家族だけで家事はまかなえないので、そういう女性の使用人たちがいて、にぎやかだったそうです。

上野　そういうご家庭ならいるでしょう。松任谷由実さんのご実家にもおられたそうです。1950年代まではお手伝いさんという名称ではなく、女中さんでした。

保守的な結婚観が非婚化の原因？

上野　若い男女が最近になって結婚観を保守化させているとは思いません。同じ結婚観をほぼ維持してきているだけで、社会のほうが変化したのだと思います。

水無田　維持ですか。

上野　そう。ずっと長期にわたって保守的な結婚観を維持していることが非婚化の原因であることは、20年くらい前から社会学者が調査データに基づいて指摘しています。それが当たっているる結果がこうなっているだけで。それならその結婚観を変えたら結婚する男女が増えるのかどうか。どう思われますか？

水無田　結婚観を変えるという以前に、日本人は言葉では変わらないように思われます。多くの人がなし崩しで、「常識」と思うものを討議するより前にすでに選択しています。でもいったん身につけたら早い。良く言えばこんなに変わり身が早い、悪く言えば軽薄な民族はなかなかいないと思います。そして変わった後には、変化する前のことはきれいに忘れ去ってしまって、最近身につけたばかりのものを「伝統」と素朴に思い込んでいたりします。

上野　そこは同意しますね。

人口学的なマクロトレンドを見てみましょう。70年代から先進工業諸国ではおしなべていわゆる性革命が進行しました。その中で離婚率の上昇と婚外出生率の上昇が起きています。婚外出生率を上げている大きな原因は事実婚、つまり同棲の増加なんですね。実際、データを見ると、各国がおしなべて法律婚の晩婚化では一致しているのに対して、事実婚の開始年齢は長期トレンドでいうとあまり変わっていません。その事実婚の中から生まれた子どもたちが婚外出生率を押し上げているんです。

ところが、外国の人口学者からいつも不思議でしょうがないという顔で訊かれるのは、日本では法律婚の開始と同居の開始が一致しているらしい、なぜこんなことが起きるのかと。もうひとつ、セックスは住宅問題ですから、同居の開始と法律婚の開始が一致したうえで晩婚化が起きていたら、最も性的にアクティブな年齢を彼らはどこでセックス問題を解決しているのだろうかと。この二つを、いつも外国の研究者から訊かれます。

水無田　なるほど。フランスの哲学者ミシェル・フーコーが礼賛した、ラブホテル・システムですね。

上野　そうです。だからわたしも、セックスは家庭の外へアウトソーシングしていると答えました。で、そのアウトソーシングのためのラブホテルというすばらしい都市インフラが日本には完備している、と言ってきました。

水無田　名前を記帳しなくていい、愛を営むだけのホテルがあるらしい。フーコーは日本に対して多大な誤解をして絶賛して帰りましたね。

上野　いや、誤解じゃないかもしれませんよ。

水無田　住宅問題とおっしゃったのはそのとおりで、たとえば狭い住居ですから夫婦でもラブホテル行ったりするんですよね。子どもが寝ているうちに。

上野　シングルは男女ともに親との同居率が高いので、これもやはり異性の友人を連れ込めないというハードルになっていますね。

なぜ日本では同棲、事実婚が増えないのか?

水無田　セックスは住居問題であるというのはすごくおもしろかった。もう一つ、法律婚をしていないと、それはイコール非婚（シングル）という区切りになるのが日本。それも、マクロでみればだいたい当てはまってしまう。一方、欧米では法律婚でなくてもパートナーはいるんですね。それで婚外出生、つまり法律婚カップル以外から生まれる子どもは、北欧やフランスでは過半数となっていて、出生率を押し上げる要因にもなっています。でも日本では……。

上野　日本では法律婚と男女の同居開始が一致しているわけです。

水無田　はい。同居開始と法律的に婚姻関係を結ぶということが、まったく同時期に行われねばならない。

上野　70年代「性革命」以降の40年間に先進諸国ではこれだけ大きな変化が起きました。実は70年までは先進工業諸国でも性意識は、おしなべてすごく保守的です。アメリカもすごく保守的で、アメリカの性意識がどれだけ保守的かを象徴する有名な言葉に「ペッティング」というのがあります。性器を愛撫するのに挿入だけはしないという、特殊な性技です。この言葉も死語でしょう?

「結婚までは処女で」という規範意識が生み出したそういう特殊な性技がありました。それがいまではもう死語になって消えてしまい、代わりに婚前性交があたりまえになって、事実婚が怒濤のごとく広がったのですが、日本ではそれが起きなかった。団塊世代は上村一夫のマンガ『同棲時代』（1972〜73年）の世代でもあります。当時、同棲のトレンドがこの後の世代でも継続する、同棲率は増加するだろうという期待がありました。ところが日本にだけ、それが起きなかったのね。これがよく理解できない。

後になってその理由はとてもよくわかるんだけど、それは親のインフラが利用可能だったからなのね。親のインフラを利用するほうが、男と同居（同棲）するよりも生活水準が高く保たれるから。

水無田 いわゆるパラサイト・シングル問題ですよね。彼氏と同居するよりも実家に住まっていたほうがずっと快適で安全ということですね。

上野 生活水準は高いし、母親という主婦付きですからね。「メシ・フロ・ネル」のオヤジ・ライフと呼んでいるんですけどね。

水無田 マクロで見ると、同棲率はそんなに増えてないですね。

上野 はい、データで見ても増えていません。

水無田 団塊ジュニア世代以降になってくると、もう大学も首都圏の郊外に立地している。

上野　そうそう。住宅問題で言うと、団塊の世代は進学他出が非常に多い。あのころは住宅条件がとても悪くて、三畳一間での同棲もありましたから。

水無田　三畳一間の同棲なんて、いまの若い人には想像できないでしょうね……。なるほど、たしかに快適さは格段に実家が上ですね。

上野　男との同棲で生活水準の低下を選ぶよりも、親のインフラに頼る。それが最強の条件だったんですね。

上野　それともう一つ。先ほど法律婚と同居開始と妊娠・出産がほぼ連動していたという話をしましたが、性行動での大きな変化、結婚とセックスの分離が起きたとわたしは思っています。おタカさん（土井たか子元衆議院議長）へのセクハラ野次は、法律婚をしていなければすなわちセックス不在であるということを前提にしています。結婚と性生活の開始とがタテマエ上同義だったために、高齢のシングル女性は非常に差別的なセクハラにさらされた。

いちばんいやらしいセクハラだったのは、オヤジどもが猥談するときに独身の女を一人その場にいれる。そこで下ネタ話が通じるか通じないかテストするわけです。ウケて一緒に笑えば、「おまえ、なんだ、もうやっているのか」「やっているのなら、じゃあ手を出していい女だな」ってことになる。で、ウケなくてキョトンとしていれば、「おっ、知らねえんだ、この歳でまだ未通女《おぼこ》か」というふうにバカにする。どっちにコケても笑い者にされる。それにしても「未通女」と書いて「おぼこ」と読ませるんだから、ひどい時代でした。

水無田　なるほど、二重抑圧されているわけですね。

上野　そう。セックスと結婚とが別のものになったために、それが完全に失効しました。そのためにおひとりさまでいることのハードルが下がったということが、わたしの実感です。

60年代は34歳で「嫁き遅れ」

水無田　いまのお話、松本清張が1960年代に書いた『鉢植えを買う女』みたいな話ですね。昭和36年の小説で、「嫁き遅れ」と言われて一番虐げられているOLが主人公。貯金だけが趣味で、みんなに利子をつけておカネを貸し付けていて嫌われ者で、当然恋愛対象にはならない。そのOLの年齢が小説だと34歳なんです。34歳でもう絶対に結婚できないババアなんです。1993年にドラマ化されたときには、32歳の設定でした。それが2011年に余貴美子さん主演でリメイクされたんですね。そのときは52歳の設定になっていました。

上野　おお。20歳も年齢があがったわけですね。52歳で処女の設定になっていました？

水無田　処女かどうかは、ちょっと微妙なんですけど……。

上野　もう問われなくなっているでしょう。

水無田　ドラマでは、問われなくなっていましたね。
上野　それは、やはりここ数十年間の変化ですね。
水無田　そうですね。たった半世紀くらいで、絶対に誰も嫁にもらわないババア年齢が20歳もあがっている。
上野　いまなら52歳は再婚適齢期ですね（笑）。性行動に関するデータを見ますと、わたしたちの世代までは初交の相手がすなわち婚姻の相手という女性の比率が高いんです。7割くらいかな。いまの女性で初交の相手が婚姻の相手というのはもうレアケースでしょう。それくらい変わっていますから。わたしが時代の変化をつくづく感じたのは皇太子妃雅子さんが渦中の人になったときに、どのメディアも彼女の処女性を問わなかったこと。話題にすらしなかった。報道に抑制が働いていましたねぇ。あー、変わったなぁと思いました、家父長制の権化である天皇家でさえそうでしたから。
水無田　うーん、そうですねぇ。あのご成婚って何年でしたか？
上野　1993年、わたしが東大に異動した年です。それで、いつもギャグを言うんだけど、雅子さんは皇室で適応障害を起こしましたが、上野は東大でけろりと生きてきた、と。この差はなんだろう、って。
水無田　雅子さんは外交がやりたいということでしたね。

上野　それは、タテマエじゃないかしら。やはり、十重二十重の皇室のプレッシャーでしょう。

水無田　包囲網ですか？

上野　ええ。おまえがここでノーを言ったら後がないというプレッシャーのもとで、お国のためにここは涙を飲んで、と親に説得されて嫁いだんでしょう。それまでの環境と文化が違いすぎて、そりゃ異文化適応障害にもなりますよ。

水無田　ましてや、帰国子女の方ですしね……。でも、結局秋篠宮家のほうに男子が産まれて、女性天皇論が完全に消えましたね。

上野　消えました。本当に恐ろしいですねぇ。

水無田　悠仁親王が成人するころの世代は、相当大変なんじゃないかと……。

上野　ああ、嫁がくるかどうかわかりませんからねえ。だからわたしはいつも言っているんですよ、女性天皇に反対する保守主義者は天皇家の滅亡を早めるって。

水無田　なるほど。何事につけ、強固な保守主義が抱える問題の根幹にはそれがありますね。純粋性の固持にばかりこだわると、現実的な条件が整わなくなった場合、どんな集団でも内側から崩壊を招く可能性が高まるので、そのご指摘は重要です。でも、先ほどの上野さんのお話のように、少なくともメディアの報道をはじめ、日本社会のほうは変わってきている。それは、希望だと思いたいです。

第二章

シングル社会と少子化を迎えて

日本の社会保障はシングルに対応していない

水無田　高度成長期に成立したものと、その中で現在と合わなくなっているものを具体的に洗い直せば、シングルでも生きやすい社会が到来すると思いますか？

上野　どうなんでしょう。最初のデータに立ち返ると、ほぼ人口の2割に及ぶ男女のシングルが常時いるという社会になる可能性はあります。その場合、男性のあいだでは、この2割は低階層に集中し、婚姻制度から排除された人たちになるでしょう。男は「結婚できない」、女は「結婚を選ばない」と、その理由はジェンダー非対称なので、男女の間にミスマッチが起きます。結婚しない2割同士がマッチングする可能性は極めて低いわけです。

シングルには先ほど言ったように「選んでシングル」と「やむなくシングル」の両方がいると思いますが、後者が社会的に排除されたら、いろいろな問題が起きますね。とくに、日本の社会保障制度はほとんど世帯単位ででき上がっているので、シングルの排除はそのまま社会的なリスクにつながります。とくに、家族形成歴があるかないかが老後に響いてきます。それはこの後、大問題になりますね。

水無田さんの話を聞いていると、どうも意識の問題に還元する傾向があるようですが、わたしは、インフラ決定論者なので、この2割の人たちがどういう人たちなのかが非常に気になります。

水無田　去年からようやく女性の貧困問題がメディアでとり上げられる機会が増え、子どもの貧困問題についても光が当たるようにはなってきたのですが、問題は、家族世帯を前提に社会保障制度がつくられていることです。ここは変わっていない。「非婚」でくくられると、その枠組みから除外される。上野さんが世帯単位とおっしゃったのはまさにそのとおりで、この現実に対応するために、ヨーロッパ諸国ではだいたい1970年代から2000年代にかけて社会保障制度の最小単位を世帯から個人に組み変え、ケアワークを個人単位に負担させることを前提に対処してきているのですが、日本ではここは手つかずなんですね。

上野　そうです。家族依存のままですね。

水無田　それで、ようやく配偶者控除廃止あるいは第三者被保険制度廃止の議論もなされるようになってきた。ただ廃止するだけでは問題ですが、両制度はいわば体が大きくなって窮屈になった子どもの洋服みたいなもので、時代にそぐわなくなっているから取り去る必要がある。でも、そのまま「裸の子ども」を荒野に置き去りにするようなことをするのは問題です。そこで新たに、たとえば個人単位のケア時間を保障するような形での社会保障が再編される必要がある。既婚でも未婚でも、そこは差別すべきではない。いまの日本の社会保障制度の配偶者控除は妻という「身分」に対するものです。妻であれば、自ずと家族のケア役割を負っているはずとの前提がそこにあります。でも、それは現実とは齟齬をきたしている。

たとえば、未婚のまま老親の介護を担うなど、旧来の「妻」身分ではなくともケア負担を抱え込んでいる人はいくらでもいますし、今後も増えることが予期されるので、その負担をベースに社会保障制度を組み変えていくべきだと思うんです。でも、そこがなかなか問われないところが問題。それどころか自民党は、離婚をできるだけなくす社会にしようと言っているわけで……。

上野　そうそう。

水無田　離婚しないでいてくれたほうが、社会保障費用は安く済むわけです。

保守的な家族観をもっている先進国ほど少子化は進む

上野　日本型社会保障システムの背景には、「家族は含み資産」という考え方が牢固としてなくならない現実があります。最近読んだ落合恵美子さんの論文に目の覚めるようなことが書いてありました。家族にこれだけ負担を負わされていると、家族が高リスクになるために、保守的な家族規範をもっている人たちほど家族を忌避する傾向がある、と。

水無田　そのとおりだと思います。

上野　保守的であればあるほど、家族が高リスクになるという逆説です。社会保障の個人化が進めば、家族リスクは逆に減少するのですけどね。

水無田　わたしもいわゆる昭和妻論争（＊）の中で繰り返し言ってきたんですが、本当に保守的で、なおかつ家族の物語を守ろうという人たちが、家族を内側から滅ぼしていく。純粋な者ほど内側から崩壊していく道をたどると。

上野　女性天皇制の議論と同じ。保守的な家族観を維持したいと思う人たちが家族の崩壊を早めると、落合さんはずばりそういうことを言っていましたよ。

水無田　国際統計を見ても、上野さんは当然ご存知だと思うんですけど、良妻賢母志向が強くて保守的な家族観をもっている先進諸国ほど、少子化は進む。

上野　ですね。日本にかぎらず、イタリア、スペイン……。

水無田　そして経済危機にも陥ると。いまだに家族規範は非常に強く、また先ほどの2割の社会的な排除対象の男女が非婚になりやすい。

上野　いえ、逆です。非婚者が社会的排除の対象になりやすい。

水無田　なるほど、逆ですか。という傾向が起こると、排除の弁証法が起きないですか？

上野　弁証法とはまた懐かしいお言葉を。どういう意味でしょうか？

＊高度成長期的な専業主婦願望をもつ女性のこと。2000年代後半より『AERA』誌上などで展開。

水無田　イギリスの社会学者ジョック・ヤングです。互いが互いを排除し合うことによって、ようやく自分の地位を保とうとする下流層が増加する、それが「排除型社会」だと。

上野　それはもうあるでしょう、2ちゃんねるで女叩きをするネトウヨの男たち。「オレを選ばない女たちに呪いを」って。

水無田　ああ、紋切型の怨嗟ですね……。わたしも『シングルマザーの貧困』（光文社新書、2014年）で、シングルマザーへの理解を訴えたら、「勝手に離婚した女の支援とか言っているから国が疲弊するんだ」等、言われましたっけ……。

上野　そういう紋切型の福祉アンダードッグ叩きの先進モデルはアメリカにあります。先ほど配偶者控除の話が出ましたが、配偶者控除の問題で争っているのは貧困層じゃないですよ。

水無田　そうですね。

シングルマザー・バッシング

上野　シングルの非正規女子やシングルマザーはもっと大変です。シングルマザー・バッシングはアメリカの社会保障ポリティクスの定番なんです。

日本では2000年代に入って格差論議が出てきたときに、初めて格差問題の中にシングルマザーのイッシューを潜り込ませることに「しんぐるまざあず・ふぉーらむ」理事長の赤石千衣子さんたちが成功し、母子手当廃止を押し戻しました。これは本当に歴史的に見て希有な社会運動の成功例でした。その点では母子世帯に対して比較的納税者の合意と同情を獲得しやすいという日本は、アメリカと違うと思いましたが。

水無田　同情というところがポイントだと思います。すまなそうにしている、可哀そうで気の毒な母親だったら保証してあげるべきだけども、そうでもない、堂々としている権利を主張する弱者に対しては非常に風当たりが厳しい。

それはベビーカー論争もそうですね。すまなそうに周りにごめんなさい、ごめんなさいと言いながらベビーカーを押している母親だったらいいが、堂々としている、おしゃれをしているベビーカーの母親は許せないっていうのがある。

ベビーカー論争について新聞にコラムを書いたら、帰国子女の読者の方から、「なんで日本にくると、子ども連れて歩いているだけで一日中謝りながら歩かなきゃいけないのか、何一つ悪いことをしていないのに」というコメントをいただいたことがあります。

要するに日本では、農村共同体的な「ミウチ」集団の中で、目下の者が目上の人に対して、お言葉に甘えてじゃないですが、一旦謝るという作法をとらないと、グループのメンバーに認められないという身体技法がまだ続いているんですね。職場での妊婦へのいやがらせであるマタハラ（マアタニティ・ハラスメント）もそうですし、ベビーカー論争もそうですし、シングルマザー叩きもそうなんですけど。

もう一つ言うと、シングルマザーに関しては、いままでお涙頂戴式の取り上げ方が多かったんですが、だんだん情報化が進んできて、どうも一部の人たちから見ると、ちょっと堂々とし過ぎているようにみえるシングルマザーの存在がわかってきた。やれ生活保護費を27万円ももらっているのに、まだ足りない、旅行にもいけない、子どもの習い事もできないというのが贅沢志向ではないか、と見られてしまうシングルマザーが出てきて、それが目障りだという人たちが増えてきている。

保育所入所は恩恵か？　権利か？

上野　その目障りだとされる人たちはどんな人たちなのか、もっと立ち入って精査しないといけないと思いますが。シングルマザーが同情の対象である順番は、死別がトップで、次が離別で、非婚が最低でしょう。離別と非婚は同情もされないばかりか、自分勝手な女と叩かれますね。

水無田　はい、そのとおりです。簡単に離婚を選択する人なんて、いないんですけどね。夫から妻へ言い渡す離婚事由は「性格が合わない」が圧倒的に多いのですが、妻から夫へは性格の不一致だけではなく、DVや生活費を渡さない、精神的虐待など、現実的に心身へのダメージを与えられて、やむなく踏み切る場合が多いのが特徴です。自分や子どもの生命や健康を守るための選択なんです。わがまま、勝手ではなく、人間として当然の権利ではないでしょうか。でもこの国では、女性の選択は権利ではなく、自分勝手と思われがちです。

上野　いまの話で思い出したのは杉並区の男性区議・田中裕太郎のブログ炎上事件です。保育所に入れないという通知を受け取った子どものお母さんたちが行政不服審査請求を出したでしょう。あれは画期的な歴史的事件だと思いました。保育所入所は恩恵ではなく権利なのだから、権利を侵害されたというのが申し立ての内容です。それに対して37歳の男の区議が、公的支援を求めたいならやらないでもないが、もっと遠慮しいしい頼め、と言ったのが大炎上しましたよね。

彼女たちはシングルマザーではなかったけれど、子どもを預けて働くということが恩恵ではなくて権利だというところまでは常識が変わった。

そういう女性に文句を言うのは誰かというと、これまでは子育て経験者の同性のオバさんたちでした。たとえばベビーカーのママと電車に乗り合わせたら、だいたいそんな乳飲み子を連れて外に出なさんなとか、満員電車に子どもを乗せなさんなとか。わたしたちはそんなことしなかったのに、あんたたちがそんなことやるのは許せないと。さすがにいまどきそれはなくなったと思うのに、今度は若い男が働く母親叩きをやるんですね。若い男たちの中にあるルサンチマンとミソジニー（女性嫌悪）は、たんなる福祉アンダードッグとしてのシングルマザー叩きじゃなくて、「オレを選ばなかった女たち」に対する憎しみからだと思う。

恋愛結婚の実態は同類婚

水無田　団塊の世代は、恋愛結婚が１９６０年代半ば以降、お見合い結婚を抜いたという有名な話がありますが、本当に恋愛結婚していたと感じていらっしゃいますか、同世代として？

上野　いいえ、まったく思いません。あの恋愛とは一体何だったのか、お話ししましょう。

水無田　それはぜひうかがいたいです。

上野　データを見るとたしかに60年代半ばに、見合いから恋愛へ配偶者選択行動が変わっています。データを精査すると、恋愛で結婚したと言っている人たちのほうが見合い結婚より居住地、階層、親の職業、その他で同類婚の傾向が、強まっているんです。結局似た者同士しかお互いを選ばないことがはっきりしていて、その点では、むしろ同類婚傾向が強化されているのが第一です。

第二に、当時の女たちが何を考えたかというと、「男の将来に賭ける」と言いました。現在ではなくて将来を買ったんですね。わたしはいつもそれで、スタンダールの小説『赤と黒』の主人公ジュリアン・ソレルを思い出します。あの当時は世代集団ごと学歴階層の上昇を経験しました。たとえば農家世帯出身の息子が東京の銘柄大学を出て官僚や会社員として出世していく。そういうキャリアパスができた。すると低学歴の地方資産家の息子との結婚よりも、資産はないが高学歴の男のほうに将来性があると女が考える時期があったんですね。階層移動が大きくなったときに、結局、将来の経済階層に女は投資したわけですよ。

あの当時、団塊世代は、世代集団としてまとめて親の世代よりも階層上昇を果たす上げ潮の時期でした。だから、誰を選んでも当たり外れのない入れ食い状態だったと思います。

水無田　なるほど、それまでは家柄とか資産のようなストックが問題だったんですね。

上野　高卒でも大手の企業に入れば、将来が約束されていたから、その人の出身階層や現在よりも将来を買うと。

水無田　団塊の世代は、将来を買えたわけですね。

上野　わたしはそれを見ながらいつも思っていた。つまりあなたはこの男の現在が好きなわけじゃないのねって。現在を選んだわけじゃなく、将来を選んだわけだから。高度成長期だから、その将来は非常に高い蓋然性で当たったわけです。高卒の地元の資産家の息子よりも、貧しくても大卒の男のほうがその当時は将来性があった。「恋愛結婚」の名のもとに、女は「合理的選択」をしたんですね。ピケティの言うとおり、高度成長期には労働生産性のほうがキャピタルゲイン（資産利得）を上回る時期が一時期あったんですよ。80年代以降、ふたたびキャピタルゲインの上昇率が高くなると、ストック保有者の価値がふたたび上昇します。

水無田　たしかにいま、戦前ほどではないにしても、逆もどりしてしまっていますよね。

上野　わたしが女子短大で教えていた学生に、京都の松茸山の山林地主の娘がいました。日本は敗戦後、農地解放をしたおかげで、それが大きな中産階級化の基盤になりました。この点では、占領軍に感謝してもしきれませんね。日本が独力で農地解放を達成できたとは思えませんから。もしそうなら、日本の成長はもっと遅れていたでしょう。

ですが、農地解放はしたけれど山林解放はしませんでした。だから山林地主は膨大に残っています。山林地主の中に毎年松茸のシーズンになると、ひと山300万とかいうふうに業者が入札する山を持っているひとたちがいます。その山を、たとえば三つ持っていれば1000万円ほどになるわけです。

彼女は小さいときから親の言いつけで跡取り娘として育てられて、親の意に沿う男を入り婿にするという指示を内面化して、それ以外の選択肢は自分の人生にないと思って育ってきました。「恋愛して結婚したいと思ったことないの？」と聞いたら、「そんな男よりも松茸山のほうが値打ちあるもん」と。そんなふうに言い放つ娘たちもちゃんといますからね。結婚というのは生活保障財であると短大卒の女の子たちは骨の髄まで内面化していますから。それをみすみす手放すような選択はしません。

高度成長期にはストック（資産）よりもフロー（収入）のほうに価値があって、そのフローを獲得する期待値が世代的に保証されていた不思議な世代集団が存在した、そう言っていいかもしれませんね。

水無田　それはでも、日本の歴史の特異点のような時期ですね。

上野　そうです。そのときに見合い結婚と恋愛結婚の割合が逆転します。しかし、選択を恋愛という名前で呼び変えているだけで、そこに愛情が伴うのか打算なのかはよくわかりません。ただマクロデータがはっきり示すのは恋愛結婚と称するもののほうが見合い結婚より、同類婚の傾向のほうがより強いこと。つまり親が選ぶのと似たような相手を、自分で選んだと信じているだけですね。それを説明するのがピエール・ブルデュー（＊1）のハビトゥス（＊2）ですね。だからハビトゥスに共通点がないと互いに相手を選ばないので、最初から集団にスクリーニングが行われていれば、あとは誰を選んでも大差ない「フィーリング・カップル」なんです。

＊1 フランスの社会学者。『ディスタンクシオン』など。
＊2 habitus　経験から蓄積され、個人が自覚しないで思考や行動を決定している趣味や嗜好などの性向。

会社というカップリングの「釣り堀」

上野　恋愛結婚で多かったのが社内結婚です。女はOLで腰掛け、結婚相手を見つけるのが目的です。80年代に短大の教師をやっていたときの経験ですが、自分の男を見る目に自信がないから、会社が選んだ男を選ぶほうが確実だと、彼女たちは言いました。誰を選んでも大差ない集団のなかで、気の合った男を選ぶのを恋愛と呼び変えただけです。

水無田　わたしは、恋愛風の「お膳立て婚」って呼んでいるんですけど、その時代は、確かにそのとおりだったんですね。

上野　交際のヒマもないほど忙しい男性社員のために、会社がお膳立てしたともいえますね。友だちの紹介や、いまの合コンもお膳立てですね。

水無田　上司が、若手社員同士をくっつけちゃったりするんですか？

上野　会社のほうも、身元のたしかなお嬢さんを結婚まで「お預かりしている」という意識でしたから。結婚がゴールでしたから、寿退職するのです。一人当たり300万円くらいのコストかけて採用した終身雇用の男たちは会社にとっては一生もの。恋愛や男女交際するヒマはないだろうから、将来の配偶者候補を社内に飼っていた。元OLの妻は夫の社内での処遇や社風にも理解がありました。だからわたしは「釣り堀」と呼んでいました。

水無田　釣り堀ですか。箱入り娘が生け簀に入ってそのまま……大海を見ることはないんですね。そしてそのまま結婚して、新婚旅行列車に手をつないで遠足のように乗り込むんですね。

上野　まだ男女人前で手をつなぐ時代じゃない。新幹線が開通した頃は、新幹線で熱海まで行くのが新婚旅行の定番なんです。新幹線のホームで新郎の友人たちが新郎の首に「リポビタンD」をつないだレイをかけて「万歳！　今夜がんばってこいよ」と、そういう時代でした。新婚初夜がセックスライフ開始という、タテマエがありましたから。

水無田　まさに会社ムラ。村人同士の結婚ですね。

上野　そうそう。

水無田　ということは、結婚のためのコミュニケーションができなくてもいい。恋愛のためのコミュニケーションスキルなんかはいらなかった？

上野　いらなかったと思います。結婚は習俗ですからね。

水無田　ある程度スクリーニングされた釣り堀の中のコミュニティに所属できれば、最初から属しているもの同士だから、誰を選んでも大差ないんですね。

高度成長期の男の逆玉現象

水無田　いまではその辺の事情が一変していて、とくに女性は非正規雇用の派遣ＯＬが増えて、職場でのセクハラもむしろ悪化していると聞きます。かつての会社ムラなら、同じ村の住人が守ってくれたのに、そういう後ろ盾もなくなってしまっているので……。

上野　非正規だと雇用保障がないので。昔より悪くなっていますよ。一般職の女性はたとえ「お局さま」と呼ばれようが、会社に居座ろうと思えば居座れたのですが、その選択肢すらなくなりました。

水無田　2～3か月毎にクビをつないでいくというような雇用形態ですから、どこに訴えればいいかわからない。

上野　その頃と大きな違いは、この30年くらいの間に女性が高学歴化したことです。何が起きたかというと、女性の学歴と出身階層が一致するようになりました。

水無田　なるほど。

上野　これは過去との大きな違いです。たとえば短大卒と大卒を比べたら、かつては専門職志向の苦学生が四大にきて、短大女子のほうが経済階層が高いという時代がありました。短卒のほうが就職も有利で、ブランド企業にどんどん入っていき、この人たちが最上のお嫁さん候補でした。しかし女性の18歳の高等教育進学率を見ると、1996年に四大が短大を抜きました。それ以来偏差値と学歴と女性の出身階層とが連動するようになりました。

水無田　なるほど。お嫁さんブランドを高める短大の価値がどんどん下落していって、単純に学歴階層と出身階層が一致した。かつては、それこそ源氏鶏太のベストセラー『三等重役』（毎日新聞社、1951年）のような世界ですけど、実は重役になって威張っていても、高額納税者の階層を見ると、むしろ妻のほうが出身階層が高い。たとえば同族経営の会社で、専務の令嬢を嫁にもらうことによって血縁関係を結んで出世していくような。だから玉の輿よりも逆玉の輿のほうが割合としても多かったと。

上野　逆玉と言っても、『赤と黒』のジュリアン・ソレルのように、女にとっては勃興する新興階級の資産なき男を選ぶほうが経済合理性に適い、男にとってはストックのある階層の女を選ぶほうが経済合理性が高い。結婚は経済契約だとブルデューが言ったとおりです。彼の出発点は南フランスにおける家族の結婚戦略の研究でした。

水無田　その文化資本もですが、ストックは妻のほうが高かったりする。

上野　高いです。

水無田　うちのパパは一緒に観てもわからないからと、奥様同士とか子どもと一緒にクラシックのコンサートや歌舞伎観劇に行ってしまって、お父さんは独りでお留守番したりするんですね。

上野　同類婚での出身地の近接性を考えると、データからはっきりわかるのが女性の移動よりも男性のほうが大きい。

水無田　そうですね。

上野　向都離村したのは男が圧倒的に多かったので、地方出身の男が都会の娘と結婚したんです。すると経済階層は妻のほうが高い。男はもともと次男、三男だから妻方の親族に取りこまれていくという傾向が強かった。

日本の男は世界一孤独

水無田　少し飛躍するかもしれませんが、OECDの調査だと、日本の男性は仕事以外の人間関係がほとんどないか、またはまったくないという人が、世界の中で突出して多い。世界で一番孤独なのが日本の男だとなっているのですが、それはもしかして移動が高かったということにも原因はありますか？

上野　それもあるでしょう。いわゆる地元つながりのような資源を失っていることもありますが、逆に会社が居場所になっていますからね。会社ムラというつながりです。

水無田　会社ムラというのは、退職するとあっけなくなくなることを、わかっていないんですよね。

上野　そこまで生きないと当時は思っていたんでしょう。55歳定年制ですから、退職後にはすぐ死ねると。超高齢社会は、何もかも番狂わせですからね。

水無田　会社ムラの住民が会社ムラというエデンの地を追い出されてから、平均で何年くらい生きるのでしょう。その平均寿命の職業階層別のデータをご存じですか？

上野　いいえ。あったらほしいですね。

水無田　都市伝説みたいな話で、データがあるわけではないですけど、某大手企業社員は○○社タイマーと言われていて、だいたい定年退職するのと同じくらいに死ぬ人が多いとか、そんなホラーじみた話を聞いたことがあります……。真偽のほどは測りかねますが、そんな噂が流れるくらい日本の男性が職場第一主義なのは確かなので、職業階層別データとつきあわせて、検証したいと思ったのですが。

上野　なるほどねえ。定年前の職業階層別の死亡率データももちろんほしいけれど、前職の職業階層別認知症発症率の、疫学的データがぜひともほしい。どうしてかというと、どうやら元教師という集団の認知症発症率が高そうなので。エビデンスがないからわからないですが。いま言われたような○○社タイマーみたいなことはあると思う。

配偶者選択の意思決定者が親から本人に変わった

上野　ハビトゥスに関して言うと、これはわたしが実際に知っているケースですが、名門女子大の仲良し三人組が、それぞれ恋愛結婚をして、一人は医者、一人は企業経営者の息子、一人は弁護士と結婚した。みんな恋愛でした。で、どこで知り合ったのと聞くと、乗馬クラブやヨットクラブ。

水無田　もう何か、絵に描いたような……。

上野　最初から趣味嗜好のハビトゥスでスクリーニングされているから、そのハードルを越していたらもう誰でもいい。それを恋愛と呼ぶわけ。

水無田　それやはり同じ階層の中の村人同士の結婚ですよね。

上野　そう。同類婚です。

水無田　昔から同類婚だったのですが、それこそ深窓の御令嬢でも、家事テツで無職で無収入なんて珍しくもなかったので、いままで表に出てこなかっただけなんですね。近年、同類婚指向が高くなっているなんて言われますけど、そうではないと。

上野　何が違うかと言えば、同じ同類婚なんですが、配偶者選択の意思決定者が親から本人に変わっただけ。フーコー流に言えば、司牧権力（＊）の内面化が起きたんですね。つまり、そういう配偶者選択の判断基準が自らの中にインプットされた。ほとんどGPSの体内装着みたいなものですよ。

水無田　私はそれを、「町内の世話焼きおばさんソフト」の脳内インストールと呼んでいるんですけども。

上野　そうそう、自らにインストールされているのね。このインストール現象は、それ以降も変わっていません。女の子たちの結婚相手の選択基準と恋愛相手の選択基準は違う。結婚相手は親に見せても恥ずかしくないような相手じゃなければ、と思っています。もともと男の子は、妻と愛人の二重基準を持っていましたが、女の子も男の子と同じような二重基準を持つようになった。わたしの念頭にあるのは、リアリストの関西の女の子たちです。

水無田　関西はすごそうですね。

上野　関西ではタテマエとホンネは一致するから、キレイごとは言いません。だから規範の内面化、司牧権力の内面化です。

水無田　なるほど。関西人に内面化された「規律・訓練（ディシプリン）」ですか……。関西のリアリスト女子たちは、それを自己選択とも思っていて、亀裂がないんですね。

＊羊飼いが羊の群れを一方向に誘導するように、神と人との契約のもとで神の意思を内面化した個人が自ら自発的に服従するように仕向ける見えない権力のこと。

上野　ないの。権力の徹底支配ですね。

水無田　おそろしいですね。

上野　でも近代個人主義とはそういうものですから。

水無田　何かソフトをインストールしようとすると、いちいちフリーズしちゃうわたしみたいな人間には、本当に生きづらい社会で。

上野　ははは。水無田さんはうまく女のOSがインストールできなかったんでしょう。

水無田　はい。OSから間違っているので、後の人生はご推察のとおりです……。母はその特性を早くから見抜いていて、「お前はよほどおもろしい趣味をしている人じゃないと、まずお嫁さんにもらいたいと言われないだろうし、OLさんになって上司や周りのおじさんたちに可愛がられていくのはできないだろうから、早く得意なもの見つけて、一人で一生ごはんを食べていけるように頑張りなさい」と小さいころから言われていました。

上野　あっそうなの。じゃああなたが結婚したときお母さんはどういう反応でした？

水無田　いや、もう死んでいました。感想を聞きたかったです。

上野　母にとってはあなたの結婚は想定外だったの？

水無田　まったく想定外だったと思います。

上野　あなた自身にとっても想定外だったの？

水無田　はい。夫とは大学院の同じ研究室でだらだら9年ほど付き合っているうちに、ひょっとしたら結婚したほうが資料代とか光熱費とか住居費とか安くなる。というふうに説得されて、あっ、そうかと思って。

上野　だったら同棲すればいいでしょう。結婚は経済合理性からですか。

水無田　そうです。結婚したほうが各種控除を受けられたりとかできるんじゃないかと。だから説得に応じて投降したんですね。あれ？　すいません、結婚したんですね。

上野　ははは。結婚は一生ものだと思ってました？

水無田　そもそもわたしは自分が結婚向きとはまるで思えず、根が引きこもりの腐女子体質で、一人で文章を読んだり書いたりゲームをやっていられれば幸せだという、ダメ人間ですから……。こんな人間が結婚生活なんて維持できるのか、毎日明日離婚するかもしれないなと思いながら、今年で結婚して12年になります。自分が子どもを産んだのもびっくりです。

団塊の世代は避妊が下手だった!?

上野　先ほどあなたになぜ同棲が増えなかったんですか？　と訊かれて思い当たったことがあります。わたしたちの世代は、つがいになるとばたばた妊娠していったの。というか、避妊が本当に下手だったの。あの当時まともに信頼できる避妊法は、女になかったし。団塊ジュニアの出産ピークは1973年となっていたと思いますが、ということは団塊女は大学卒業直後くらいに妊娠し、産んでいることになります。非婚シングルマザーという選択肢は当時の女にはほぼありませんでした。

水無田 70年代くらいの人口動態特殊統計の、いわゆる「でき婚」率はどれくらいだったんですか？

上野 でき婚率の統計なんかありません。

水無田 当時のものは、やはりないですか。探したんですけど。

上野 後になって80年代の終わりくらいに、社人研が初めてでき婚こと妊娠先行型結婚のデータをとりだしたんじゃないかな。

水無田 不倫とでき婚はなかなか統計が難しくて。不倫はわかりますか？

上野 不倫はボランタリー（任意的）サンプルでしたらあります。たとえば投稿誌『わいふ』（＊1）が独自にとった既婚女性のデータとか。それから小形桜子さん（＊2）たちが実施した『モア・リポート』とか、そういうバイアスサンプルだったらある。いわゆるランダムサンプリングは少ないですが、NHKが出した『日本人の性行動・性意識』（NHK「日本人の性」プロジェクト編集、日本放送出版協会、2002年）という本がありますね。

＊1 女性のための会員制投稿誌。1963年創刊。現在は『Wife』。
＊2 フリー編集者。女性誌『モア』をベースに女のからだや性をテーマに取材。

子どもを排除したがる団塊の世代

水無田　プライベートなことだから自分が我慢すれば、という女性の規範は驚くほど変わっていないと思います。

上野　ＤＶも減ってないし、夫の横暴もなくなっていない。男女関係というのは何十年も変わっていないと愕然とすることがあまりに多いです。

水無田　わたし、子どもを連れて市民フォーラムの見学に行って、70歳代のおじいさんに「出て行けっ」って言われたことあります。子どもが2歳のときでしたが、一応主催者側には、行っていいかと聞いたんです。もちろん、どんな人でもきてください、歓迎しますということだった。でも子どもがグズったりしたので、追い出されてロビーのモニタで見学しました。

上野　市民フォーラムの見学でそんなことがあるとは。周りはどういう反応をしました？

水無田　シーンとしちゃって。あとで個人的に「大変だったね」と声をかけてくれる人はいたんですけれど、その場では言えないんですね。

上野　市民フォーラムって主催者は行政なんでしょう？　市はそのときどういう対応をしたの？

水無田　まったく無視です。

上野　えぇっ！　本当に？

水無田　そんなのはわりと珍しくないようです。あとでその人だと思うんですが、アンケートに、子どもはまだ市民ではないから市民フォーラムにくるべきではないと書いていた。でも実際にそういうお爺さんたちの声が通るのですね。コミュニティセンターでも、小学生以下はうるさいからと出入り禁止になったところもあります。

上野　ほんと⁉

水無田　はい。団塊のお爺さんたちはヒマだから、家にいると邪魔がられるし、一日中、コミュニティセンターで囲碁・将棋をやっていたり、図書館で新聞を読んでいたりするんです。そういう人たちは、やはり声が大きくて、コミュニティセンターで子どもが走り回っているのを見て怒ります。子どもは走り回るためにきているんですけど……。

上野　狭いうちじゃあ、走り回れないからねぇ。

水無田　わたしたちもずいぶん子どもたちの居られる場をつくってほしいと言ったんですけど、なかなか数には勝てず……。

上野　「みたか・みんなの広場」をつくった団塊世代の定年退職者は、自分の居場所がほしかったみたいです（笑）。

水無田　男性は、居場所がないので、いろんなところにくる。居るだけならいいんですが、女子どもを排除しようとするのは何とかしてほしい。

上野　で、仕切ろうとする。

水無田　仕切ろうとします。そのとおりです。威圧する、仕切る、文句を言う……以外のコミュニケーション方法を知らないのかな、とつくづく思うようなおじさんはよく見かけます。

上野　そういうおっさんがいるだろうことは想像にかたくないけど、周囲が完全にそれをスルーするっていうのは信じられませんね。いさめる人はいないんですか。

水無田　圧倒的に男ばかりというのもありますが、子どもはちゃんと静かにさせないといけないという雰囲気もあるんでしょうね。

上野　だったら、こういう集会にはこれからちゃんと託児をつけてくださいと、パッとそのとき言ってしまうことね。子どもは市民じゃなくても、私は市民であると。子どもを預けるところがない、どうしたらいいんですか？　と言えばいい。

水無田　そうですね。その会場、託児はあったのですが、託児人数に余裕があったにもかかわらず、締め切り時期が早くて、申し込み時にはすでに終わっていてとれなかった、という裏事情もありました。しようがないので、わたしは退出しました。子連れだと、かなり前もって行動計画を立てねばならないので、その点本当に大変です。

上野　ふーん、ものすごく排除的ですね。少子化対策と言いながら、子育て世代にアンフレンドリーな空気があるという状況が全然変わらなくて、もっと悪くなっているわけね。

水無田　しかもそこでの討議内容を聞くと、高齢者の陳情合戦が起こっていました。わたしはお母さん方へ、できるだけ地域のフォーラムに出かけてください、存在感をアピールしてくださいさい、育児支援などの予算の話をしてくださいとお願いしているんです。だって、地域のソーシャル・キャピタル（人間関係資本、社交資本）を担っているのは、実質的に地元の公立の小学校・中学校に子どもを通わせている母親ですから。町内会やPTA、NPOなどの担い手もお母さん方なんですよ。そういうコストを担っているのに、意思決定の場にはいないんです。

3・11の主婦たちの悩み

上野　ママ友の間で、原発や政治の話はタブーだと聞いたけどホントですか？

水無田　わりとしますよ、わたしの周りですと。

上野　あなたの周りはレアケースなの？　持ち出したらひかれるという話を聞きました。わたしは理解できないいんだけど。

水無田　わたしたちの子育て支援NPOは、たとえば福島のお嫁さんたちを沖縄などに一時避難させるお手伝いをしました。そのときも、彼女たちにはいろいろと辛いことがありました。お母さんたち自身は一時的でもいいから避難したいのですが、結局地元のムラ社会で、お前だけ逃げるのか、みたいな話になる。みんながんばっているのに、お前だけ逃げるのかって、引き止められたんです。

上野　出ていくなら戻ってくるな、とか言われたみたいですね。

水無田　で、ほとんどの希望者が「本当は行きたいんだけどごめんなさい、やっぱりキャンセルします」と。

上野　えーっ。

水無田　ただちに放射能の影響はないって国は言いましたけど、ただちに家族関係には影響がありましたね。

上野　周囲の女の人たちは、育児期を過ぎていても、子育て経験を蓄積しているでしょう。どうしてその人たちは何も言わないんだろう？

水無田　そうですね。そこは確かにきちんと検証する余地はありますね。それより、習俗として取り込まれているんでしょうか……。

40年間、世の中は変化していない

上野　いま、わたしも出演している映画『何を怖れる　フェミニズムを生きた女たち』（監督・松井久子）の上映会に呼ばれてトークショウをやっているのですが、そこで若い人の発言を聞いていると、この40年、なんと世の中に変化がないのか、茫然とすることが多いんです、男女関係とか夫婦関係とかに。

水無田　仕事をしている女性は増えましたが、でも低待遇で使われるばかりで、管理職の割合は低いです。子連れの人を批判したりするのも、相変わらず。先ほどの炎上区議ではないですけど、そういう問題は社会的にようやく認知されるようになったようですが、習俗、文化規範の部分はぜんぜん変わっていないんでしょうね。

上野　わたしは意識が先に変わることなど、ほぼないと思っています。意識は現実の変化に後からついていくだけでしょう。

水無田　学生の意識調査でも、確かに男子学生は共働き志向にはなっています。ただし、その共働き志向は、「どうしても働きたいなら許してあげてもいい」とか、ずいぶん上から目線で……。

上野　妻の就労に夫が同意するかどうかですね。夫の態度の分岐点については、80年代のデータですが、妻の年収300万円ラインで夫の態度が変わる。300万円以上だと、夫が、頼むから辞めないでくれとなることがわかっています。妻の収入があるとないとでは、家計規模が変わってきますから。

水無田　中央値でみると30代男性の年収が、90年代後半から2000年代後半までの10年間で、200万円くらい下がってきている。データのとり方にもいろいろ問題があるといわれますが、平均でも120～130万円は下がっている。若年層ほど年収が下がってきているので、明らかに片働きモデルでは無理なんですが……。

上野　若者はそう思っていないの？

水無田　どうも学生はそうは思ってないんですね。社会に出て何年かしたら変わるんだろうとは思いますが、男子学生の「上から目線の平等志向」は、気になります。

日本は女性差別社会ではなく、男性優遇社会

上野　よくわからないのだけど、共学の中で育ってきて、同年代の女の子たちのパフォーマンスを見たり、リーダーシップも見てきている男の子たちが、どうして、女の子に対する上から

目線が変わらないわけ？

水無田　上から目線についてては統計的な数字があるわけではないのですが、ただ昨今のトレンドとして、女子の大卒新卒者内定率は男子よりも高い。それは女性を喜んで採用する職種があるということです。継続雇用できるかどうかはともかくとして。でもその事実を、男子学生はまだまともに受け止めていないように見えます。就職採用担当者のおじさんたちからは、テストや面接の試験で上位から採ると女子ばかりになってしまうから、伸びシロを見込んで男子学生に下駄を履かせて採っているという話がもれ聞こえてくるんですよね。

上野　そうでしょう。女の子のほうができがいいものね。採用人事には、隠れた女子枠があるだろうと推定しています。

水無田　男子は、こう言ってはなんですけど、ずうっと下駄を履かされてくるので、気がついてないんじゃないかと思います。

上野　だから、女性差別社会というより、男性優遇社会なんですね。大学の合格率でも、女性の受験者の合格率のほうが高いですね。

水無田　突き抜けた水準の女子学生なら、つまり、すごいエリートになるような女性はそれほど問題ない。また逆に、いわゆる女子力が高くて、自然に女性役割を演じられるような子も葛藤はありません。彼女たちにその状況を問いかけても、リアクションペーパーなどで返ってくるのは、「わたしもがんばって子どもをたくさん産もうと思います」という感じです。
問題なのは、中堅クラスの大学等で、キャリアと女子力のどちらかに振り切ることができず、もやもや感を抱えている中間層の女の子たちのように見えます。

上野　そういう状況で育ってきた中間層の女の中から「リブ」（＊）が生まれたのよ。エリート女は「女だから」というのはカッコ悪いと思っているし、下層女はさっさと女子力を資源にしてる。

水無田　そうですねぇ。いま、その中間女子の不満がリブにならないですね。集団で異議を申し立てるということが、コストに見合わないと思っているからではないでしょうか。

上野　その不満が社会的な行動につながらないまでも、配偶者選択とか、夫との家庭内闘争とかにも結びつかないの？

水無田　言われてみれば、夫を懐柔しようとはしても、正面切って戦うのは本当に避けますね。

上野　本当にそうね。男女ともに葛藤を避ける傾向がありますね。

下駄を履かされてきた男たちへのルサンチマン

上野　結婚してからずっと「アタシのほうが彼より成績よかったのよ」と言う妻はけっこうい

＊ウーマン・リブ。1960〜70年代に世界同時多発的に起きた女性解放をめざす運動。

ますね。一生言い続ける。いっぱいルサンチマンを貯め込んで、それを子どもに全部ぶつける。だからわたしは、団塊の男に言うんですよ。別にあんたに実力があったからではなくて、世代と性別のメリットで高学歴化しただけだから、自分の能力と勘違いするなって。

映画『何を怖れる』の中で桜井陽子さんが、すごくおもしろいことを言っています。「会社に入ったとたん、同期の男の子が参加する朝の会議にお茶を運ぶのが、わたしたち」と。大学の期末試験のときに「キミ、ノートもってる？　貸して」と泣き言をいってきた男たちを卒業させてやったアタシたちが、彼らにお茶を汲んでいる。それでお茶汲み反対闘争やって、大負けに負けたと。彼女みたいに私学の比較的レベルの高いところ出身で、できのいい女の子は、その後ちゃんと職場や家庭でリブしてきたんです。

水無田　いまはその、成績のいい女子学生は個人で戦っていけるようになった分、運動に参加しなくなっています。中間クラスはキャリアと結婚、どちらに自己承認の場を求めていいのか迷っているように見えます。

上野　私学には女子枠や男子枠があるかもしれない。以前、都立高校で女子枠があって大問題になりましたね。

水無田　慣習的には、進学校と言われる学校では珍しい話ではないですね。わたしが出た大学院ゼミの先輩や後輩は、進学校出身者が多いのですが、わたしと同年代の彼らが高校生だった

80年代くらいは、地方の進学校では一クラスや二クラス、男子のほうが多かったなどという話も聞きます。地方では女子が大学へ進むハードルは高いのですが、それはすでに高校進学時から始まっているということなのでしょうか。いまはどうなんでしょう。ずっと男子校だったけれど近年共学化したところは、偏差値がはね上がります。それは女子が偏差値を押し上げているからですね。

上野　逆に元女子校だったところが共学化すると、必ず入学偏差値が下がります。だから女子校の共学化に同窓会が反対するのには理由がある。

水無田　クォーター制（＊）というのは、いままで男性に下駄を履かせていた部分を、少し低くするという程度のことのように思うんですけど。

上野　わたしもそう思いますよ。上げ底になっている男の、ダルマ落としと言っています。

水無田　ところがクォーター制の話をすると、逆差別だというバッシングが多くて。

上野　誰がバッシングするの？

水無田　議会でも議論になるとき必ず出る意見ですが、ちょっとネット上のニュースを見るとコメント欄にはかならずそんなものが……。

上野　それってすごくマイナーなネット世代じゃありませんか？

水無田　そうですけどね。無理解に凹みます……。

＊男女平等を実現するため、組織のある一定数を女性に割り当てる制度。

男女の学歴格差は能力差ではなく、親の投資の反映

上野　教育投資を見ると、いまでも日本の女性の男性との学歴格差はＯＥＣＤ諸国の中では最大です。18歳人口における進学率は女が52％、男が50％くらいで、男を少し越しているのに、四大に限ると、男がおよそ50％、女が40％と、10ポイントくらい格差があります。ということは、日本の高等教育は親の教育投資という私的な負担で成り立っているので、日本の親は娘にカネをかける気がないということを意味します。

水無田　ＧＤＰ比でみると日本の教育費の家計負担割合は、先進国の中でも図抜けて高い。そこに親の意向が露骨に現れています。四大にしても、たとえば家政学部とか芸術系、文学部など、いわゆる出世に結びつかなそうな選好傾向があるので、出世などは、元からあまり考えないというか……。

上野　女性間の学歴格差は能力の反映ではなくて、親が回収を見込まない教育投資を、2年間払うか4年間払うか、ただそれだけの違い。そうわたしはずっと前から思っています。

医師、弁護士の女性合格率が急伸した理由

上野　進学してどの学部を選ぶかには、「専攻の性別隔離」があります。いまあなたが言ったカネにつながらない芸術系と教養系に女が集中しているという状況は、90年代に変化が起きました。90年代に女性の高学歴化、とくに四大進学率が男よりも急速に伸びたとき、増加した専攻で圧倒的に多かったのが法学部と医学部です。

水無田　そう言えば、いまは医学部の学生の4割が女子になっていますね。

上野　医師国家試験の合格者の女性比率が3割台になったのは2000年代になってから。司法試験でも女子の合格率が3割を超えました。おもしろいと思うのは、医師と弁護士の特徴は「手に職」型で、個人プレーができて、組織人間にならなくてもいいことですね。

水無田　2013年に日本ファイナンシャル・プランナーズ協会の募集した小学生の「将来の夢」についての作文だと、女子の場合、人気1位が医師、2位が保育士、3位パティシエだったかな、とにかく資格のある職が続くんですね。募集媒体の特性から考えて、親が教育熱心な人たちが多いことも加味しなければならないんですが……。でも、男子は1位サッカー選手、2位野球選手で、これは昔とあまり変わらないです。

上野　野球もサッカーも組織集団の中のチームプレーですね。

水無田　スタンドプレーが可能になるような資格職ですね。高偏差値の女子が法学部に入り、理系の場合は工学部を出ても製造業職場は大変なので、医学部にしようと。

上野　その背後に、母親という背後霊がいます。なぜかというと娘の高学歴化を可能にするのは親のインフラ、とくに母親の応援がない娘は高学歴になれない。その際、母親は娘を組織の一員にするような選択をしない。なぜかと言えば、自分にOL経験があって、イヤっていうほど組織の中で女がどんな扱いをされるかを見てきているから。それが、わたしの確信に近い仮説なんですが。

水無田　なるほど。組織に属してもいいことはない、と。女性は組織に属さないほうが投資を回収できるという意味では、先ほどの議論と同じですね。

上野　そこはわかりませんよ。もしかしたら夫に万が一のことがあったときの「手に職」というレベルの選択かもしれないし。

結婚後、就労しない女医たち

上野　いま「女医問題」が起きているのね。資格をとった女性医師が就労を継続しないという問題。

水無田　「女医問題」ですか。確かに、とくに産婦人科医などは長時間勤務になって、なおかつ激務のため、就労継続が難しいという……。

上野　女性医師たちはほとんど自分と同レベル以上の男と結婚しているから、その女性医師たちが結婚・出産で離職して、仕事に復帰しない。何かのときのために資格が役に立つかもしれないけど、当面働かなくてもかまわないと夫も妻の家族も許容するからです。復職しても非常勤の高賃金パート、夜勤も残業もしません。元々出身階層が高い傾向があり、この人たちに高い教育費をかけて、とくに国公立だと税金を投資して養成するのはいかがなものかという「女医亡国論」が、この先登場しかねません。

水無田　たとえば重労働になりそうな分野の科目選択者だったら奨学金を少し高くするとか、そういった措置を諸外国はとっているのですが、日本にそれはないんですね。そうすると、どうしても専門は低リスクで単独開業しやすいほうを選んじゃいますね。皮膚科や眼科になりたがる女性は多いんですよね。

上野　それも夜勤がないとか、長時間労働がないという条件で、家庭との両立を前提に選択しています。

賢い女子は総合職より一般職を選ぶ

水無田　わたしは、学生の就労支援やキャリア支援の業務をやっていたのですが、国家公務員一種試験と二種試験の両方受かって、二種のほうが本命ですと、あっさり一種を切る女子たちの多いことにちょっとびっくりした記憶があります。

上野　それはわかります。わたしがショックを受けたのは、某名門女子大に頼まれて半年間ジェンダー論を教えに行ってたときのこと。授業が終わるたびに、たくさんリアクションペーパーがきて、その中に、先生の授業を受ける前は総合職を目指していたけれど、一般職のほうが賢そうだと思って進路を変えたという子がいました。

水無田　それはショックですね……。

上野　わたしはあまりプロパガンダ的なことは授業では言いません。データを示して淡々とこれでもか、これでもかと進めます。データからみれば総合職より一般職のほうが有利に生きられそうだと本人が自分で判断したんですね。

水無田　いや賢い女子は、上野さんの授業を聞くまでもなく、そっちです。とにかく両立志向で、なおかつ産休・育休が取りやすい。管理職なんかも望まない。だいたい総合職女子は、採用されたその後の10年を追っていくと、7割が10年以内に離職しています。

上野　『「育休世代」のジレンマ』（光文社新書、2014年）を書いた中野円佳さんが、同じことを言っていますね。結局、男並み就職をした総合職女性のほうが、女ゆえの離職の傾向が高い。反対に女の指定席に甘んじた女性のほうが長期勤続する傾向があるということを言っています。

水無田　そうですね。いろんな統計からも本当に明らかなんですが、太く短くになっちゃうんです、総合職女子は。

総合職採用された女子が、入社後10年で出世するのは、たった1割です。その出世も、先ほどの山口先生の統計だと、男性よりも時間がかかる。その出世できた1割の女性は、同レベルに出世している男性よりも日常的には長時間労働をこなしています。つまり、上野さんがかつて言われた〝名誉男性〟ということですよね。毎日毎日、男性よりも長時間労働をこなして、出世は男性よりも遅れて、ようやく管理職。投入したコストのわりに得られるものが少なすぎるので、賢い女子は選びません。

能力の高い女子が日本の旧来の男社会の存続を支えている

上野　ハイパフォーマーの女の子たちが、そうやって日本型システムの男性稼ぎ主型モデルに高い適応を示してしまう。そうなると、いまのシステムが、彼女たちの協力共犯関係によって維持されてしまう。

水無田　わたしも、子どもの預け先とかも全部手配しながら子育てをし、夫以上に長時間働いています。要するに家の管理職を全部やっているわけですよね。それは自分の家を回していくために、少しずつ夫の協力と理解求むの説得を重ねて、毎日毎日、なんとかやってきているわけですが、わたしがやっていることが、もしかしたら女性全体が働きづらい問題を助長していないかと、時々不安になります……。

上野　家父長制の再生産ですね。

水無田　それは映画『マトリックス』の人間乾電池になっているような感じです。社会を維持するための乾電池になっていることを知りながら、乾電池になっているジレンマですね。それでも非常勤講師同士なので、今日明日を生きるのに手一杯で。言うなれば手漕ぎのボートで、二人で大海に漕ぎ出ているようなものなので。とにかく、そちらも漕いでもらわなきゃ困るっていう現実をつきつけながらやっていくしかない。

上野　中野さんが自分たちのことを、とてもうまく名付けているんだけど、「ネオリベ世代の優等生」だっていうのね。

水無田　それは本当に、言い得て妙ですね。

上野　やっぱりその分だけ適応力も高いのよね。

育児の戦力にまったくならない夫たち

水無田　わたしが言うのもなんですが、踏まれても蹴られても、なんとか生き残ってしまう自分が時々悲しいんですよね。わたしは、本当にいろんな科目を30科目以上、予備校や専門学校で教えてきました。他の先生が倒れたとかで、朝9時から夜9時まで講義したこともあれば、まったく専門外の授業を3日で覚えて講義したこともあります。気がついたら専門学校では社会学の主任になっていましたし、非常勤なのに、他の先生の審査とかもしていました。

上野　えっ、非常勤でそんなことやっているの？　ありえないですね。それって90年代に進んだパートの基幹労働力化の路線にズッポリですね。

水無田　そうですね。だから超ブラックな職場だったんです。なんとかそれでも生き延びて、子どもを育ててこられたのは、わたしががんばってやっているからというのを、夫はたぶん知らないんでしょうね。産休も取れなかったので、原稿を書いている合間に産んで、「産休実質三日」です。仕事をしない日は、ほぼありませんから。

上野　それはね、あなたが思い知らせる以外に、彼には絶対わからないですよ。言わなくても察してくれなんて、期待したって無理。でも、東大女子を見ていて思ったのだけれど、彼らはハイパフォーマーで、高い現実適応力を持っているから、無理もなんとかこなせてしまう。その適応ができなくて体や心を壊してしまう子は、東大にこない。でも、壊れる子はたくさんいますからね。

そういうハイパフォーマーの子らが就職して、何年かして出産・育児期になると、半泣き状態でわたしのところにくるわけ。夫が何もやってくれないと。じゃあ、なにかやるように要求したかというと、していないと言う。言ったけど、ムダだったと。

「じゃあ夫との関係、どうするの？」と聞くと、「もうあきらめた」とか言うわけね。「じゃあ、あんたはあきらめた男と、このあと一生一緒にいるつもり？」と言ったらベソかくのよ。子育て最中の一番テンパっているときに、夫とちゃんと向き合わないと、夫は子育ての戦友にならないよと言うわけ。この先あんたは、そのことを根に持って、相手を許さないとルサンチマンを持ち続けて、一生後悔するよって。

　その中でも、すごく強い子は、どういう反応をするか。実家の祖母力がついていたりすると子どもは育ててくれるし、自分に稼得能力はあるし、夫はゼロどころかマイナスのストレスになっている。いるだけでもストレスになるから、それくらいなら切ったほうがいいと。だんだん、そういうふうになっていくの。

水無田　わたしが『シングルマザーの貧困』を書いているときに思ったのは、やはり踏み切れた人というのは、祖母力が高いんですね。でも一方で、わたしがまだインタビューできる程度の人たちは恵まれていて、圧倒的多数はやっぱり貧困。シングルマザーの8割以上が働いているのに、5割以上が貧困家庭というすさまじい状況が統計に数字に表れています。

　これはやはり女性の貧困問題と、それから家事育児を抱えると時間貧困になるという問題が集積して現れているんですよね。上野さんのところに現れて、ベソをかける人というのは、ベソかきにくる余裕があるんじゃないですか。

上野　育休中だったりするの。一応、総合職になってるから。

水無田　ああ、いいですね、育休ですか。優秀な人たちなんですね。わたしみたいなはぐれ者は、もう本当に獣道を歩く「子連れ狼」母です。

上野　そういうハイパフォーマーしかわたしの前に現れない。そのハイパフォーマーでさえ育児期に追いつめられるっていうことよね。そのときに夫がまったく戦力にならないばかりか、ストレスにしかならないケースもある。その中で働き過ぎで体を壊す人、そして心を壊す人もいます。卒業後5年とか10年経って、わたしに会いにくるんです。外資をやめてエコ系の仕事に転職しましたとか言って。

恨みをためながら会社ムラの男に奉仕する妻たち

水無田　子どもの乳児期や学童期といったライフステージごとにいろいろあるんですが、その都度、不満とか生活上のすり合わせをやって、夫婦で問題をクリアしていかないと、禍根を引きずりますね。

上野　本当にそのとおり。ライフステージの中で、とくに子どもの乳幼児期は一番過酷な時期でしょう。その過酷な時期に自分に手も足も貸してくれなかった夫に、妻は一生恨みを溜めますよ。その後の女たちの行動を見ると、「あのとき、あなたは」って言い続けるわけ。一生許さないからね。

水無田　わたしの叔母を見ていると、まさにそうです。たぶん子どもが乳幼児期のときにがっちり助け合わないと、その後の人生で、たとえいろんなプレゼントしたり、引退した後、夫婦旅行に連れていったりしても、妻にとってはそのときの恨みの利子をちょっと払ってもらっているくらいの気持ちで、元の負債は一向に減ってないんですよね。

上野　だからわたしは不思議でしょうがない。そのくらいなら、どうしてもっと男に詰め寄らないのか、それがわからない。『女たちのサバイバル作戦』（文春新書、２０１３年）で書きましたが、どうやら彼女たちの中にあるのは、夫が負け組になることを自分のプライドが許さないということのよう。だから、どんなハイパフォーマーでも夫を支える側に回っちゃうのよ。

水無田　なるほど。ということはやはり、雇用のあり方とか、会社ムラの人間になっていかないと出世できないという、その雇用のあり方のほうに大きい問題がある。

上野　そう。総合職女はとりわけ会社ムラのルールを熟知しているから、夫に理解と同情があるために、ますます夫に何も期待しなくなるという悪循環ですね。

水無田　そうすると、コミュニケーションが夫婦の間で取れないままですね。

上野　そう。だから言うのよ。「あんた、いまここで夫とちゃんと向き合わなかったら、この先一生、関係をギブアップした男と過ごすんだよ。それでいいの？」って。「夫婦ってそんな程度のもんだと思ってたの」と。そうすると、半泣きになる。リブの世代の女たちは、男をもっと追い詰めましたよ。ギリギリ追い詰めました。

水無田　そうですか。男の人は、表立って協議をしましょうと言うと、逃げる傾向が強い。追い詰めると、相手が潰れるのが、なんとなく想像できるんで、やらないんでしょうね。

上野　追い詰めて、追い詰められて、変わった一部の男を除いて、変わらなかった／変えられなかった大半の男を、女は捨てましたね。だからわたしの周囲は離婚者が死屍累々。
水無田　たぶん優しいんですね、いまの子は。
上野　そういうのを優しい、っていうんですか？　相手に対して甘いんじゃないの？　それにあなたも含めて、パフォーマンスレベルが高すぎるからじゃない。夫に対して肝っ玉母さんをやり過ぎているんじゃないの。そういう日本の女が、伝統的な言説資源として、自分をなだめるために使ってきた言葉が「しかたがないわ。うちにはもう一人手のかかる大きな息子がいると思えば」って。

父親に期待せず、祖母を当てにする育児

水無田　ああ。それイヤですね。育児に関する国際比較論文を読むと、日本は母親中心で父親不在、なんでこんなに父親がいないんだろうと指摘されています。日本のいろんな育児本、『たまごクラブ』や『ひよこクラブ』などを見てもすべて、パパにもお手伝いしてもらいましょうねという程度で、サポート役としてしか期待していないんですね。
　アメリカのカリスマベビーシッターが書いたという本を読んでみたら、子どもが生まれたと

きにまず何をすべきかというと、子どもを横に置いて、夫と話せと書いてあるんですね。いま子どもがいるという、この新しい夫婦関係をつくらないと、あっという間に子ども中心の生活になってしまい、いつの間にか、子どもの父親と子どもの母親になって、二人同士の関係が希薄になると。

上野　まったく正しいじゃない。

水無田　はい。ただ、その本は代理母と揉めたときの良い弁護士の見つけ方まで書いてあって、そこまでやって育児なんだなと思い、ちょっと感心した記憶があります。

日本の場合は、まず父親に期待していない。父親に期待していなくて誰に期待しているかというと、「ばぁばに手伝ってもらいましょう」ということなんですね。だから育児資源としての祖母にすごく期待している、父親以上に。

上野　祖母力が利用可能な状況と、そうじゃない状況がある。それに祖母力頼みになると父親はますます育児から撤退します。

水無田　もちろんそうです。うちのように母がすでに亡くなっていたり、義母も持病があったりですから、育児資源不足は身にしみています。晩産化していますし、親の年齢も上がっている可能性も高いので、むしろ子ども側が親の面倒を見ないといけない場合も珍しくないでしょう。あとは、実家が遠隔地にあったり。知り合いのジャーナリストの女性にも、遠隔地の実家から実母を呼びよせて、自宅近所にマンションを買ってあげて、住まわせている人がいます。

上野 アメリカのケースまで知っているほど情報量の多い水無田さんにしてからが、そんな状況だと聞いて、なんか呆然とするばかりです。

水無田 悲しいですが、現実なんですね。少しづつ責任の守備範囲を拡大してほしいと……、いまなお説得途上です。

子どもが誕生しても暮らし方、働き方を変えない男たち

上野 新生児が生まれて、誰かの助けなしには一日たりとも生きていけない生きものを目の前にして、それを育てることが人生の最重要課題になる。子育てがある時期、人生の優先順位のトップになるというのは、男にとっても女にとってもあたりまえのこと。子どもはそうやってようやく育つ。そのかんじんなときに、どうして男は逃げるのか、わたしにも、本当によくわからない……。

水無田 そうなんですよね。あたりまえのことなんですけどねえ。

上野 出産して女は暮らし方を変える。ところが中野さんの本に出てくる多くの夫たちは、出産によって自分の働き方を変えない男たち。その男たちを許容しているのは妻。そこがわたし

には、どうしても理解できないの。

水無田　そうですね。わたしも理解したくはないのですが。なにしろ多くの場合、夫たちは言っても聞かないんですよ。

上野　いやいや、言って聞かないんじゃなくて、そのアメリカの本に書いてあるように、まず向き合わせる。向き合わせるというのは、コーナー際に追い詰めて、逃げも隠れもできない状態にして、匕首《あいくち》を突き付けるっていうことなのよ。男という生きものは、鈍感な生きものだから、そうでもしないとわからない。

水無田　もうこれはコミュニケーションができないと思って、子どもと夫を二人きりにしてしまうとか、物理的にやるしかないんじゃないですか。

上野　わたしは母親になっていないけれど、わたしの同世代の女たちが、そうやって男と戦ってきた姿をリアルに見ている。

わたしのある友人が夫を追い詰めて追い詰めて、最後に夫に言わせたセリフが、「ボクの責任でないことでボクを責めないでくれ」。

水無田　ああ…それは象徴的ですね。

上野　そこまで言わせたのよ。そこまで言わせるだけの関係をつくったわけ。立派だと思いますよ。その下の世代がなんでそれをやらないのか、わからない。

水無田　そうは言っても、追いつめる暇もないのでは。とにかく、やってもらわなくちゃ困るわけですよね。日曜日すら出かけられないっていうお母さんが、普通に多いですよ。

上野　もう一言、言わせてね。子どもを一日預けて出ることにすら信頼が持てない程度の男と結婚したのか、その程度の男を夫にしているのかと。で、その程度の男と一生過ごすのか、と。

日本の低い離婚率は、夫婦関係の良好さを反映しているわけではない

水無田　そういう関係だから、熟年離婚になるんじゃないですか。

上野　熟年離婚には、あまりなりませんよ。熟年離婚率はそれほど増えてません。

水無田　でも、この後の世代が、どうなっていくかですねえ。

上野　いったん男を捨てるという決断をしなければ、ギブアップしたままでいこうということになる。だからわたしは、日本の婚姻の継続は、夫婦関係の良好さを少しも反映していないと思う。

水無田　それは、そのとおりですね。ギブアップしたまま併走する人生って……。頭がぐらぐらします。

上野　双方の、とくに妻の側の諦めをもとに婚姻が継続していると思いますよ。

水無田　以前にちょっとショックな体験をしました。子どもがまだ1歳前のときに授乳室に入ったんです。そこに、赤ちゃんとお母さんがいて、5、6歳くらいの男の子が駆け込んできて、「お母さん、ゴキブリだよ」と言うから、ゴキブリ出たのかと思ったら、お父さんが「よっ、お待たせ」って感じでやってきた。ああ、この一家はお父さんがいないところで、お父さんのことをゴキブリって呼んでるんだと思って。

上野　ということは、ゴキブリと夫婦やってるってことじゃない。

水無田　そう思ってるんだけど、でも離婚しないんですね。

上野　そのゴキブリと夫婦をやって、それをキャンセルしない女って、何者なんだよって、わたしは思いますよ。

水無田　生活保証と社会的な地位じゃないですか。

上野　それって、そんなに大事なもんか！

水無田　大事なんじゃないですか、生存に関わりますから。これも個人的な記憶ですが、空いた電車の中で、わたしのすぐ近くに中高年の女性三人組がおしゃべりをしていた。他にお客さんいなかったので、大きい声で「あそこの旦那さん、定年退職直後に亡くなったんですって」。「まあ！」って言うから、「お気の毒に」と返ってくるのかと思ったら、「うらやましいわ」。「理想的」とか言っている女性もすごかった。

上野　それを言えば、自縄自縛なのよ。一日も早く死んでほしいような男と夫婦生活をやっているおまえは何者なんだっていうことになるじゃない。自分をおとしめているのと同じ。

水無田　そうですね。でもストレスを溜めながら、スーザン・ハロウェイ（＊）の良妻賢母に関する研究書を読んだら、育児を手伝ってくれない夫の話が出てきて……。

上野　あのね、いまの言い方も間違っている。育児を「手伝う」って何？　父ですよ。

水無田　ああ。その本にそう書いてあったんですよ。手伝ってくれない夫に対するって。

上野　ありえないよね、育児を「手伝う」とか「協力する」っていう言い方。当事者意識がまったくない。

水無田　まあ、おっしゃるとおりなんですけれど。夫の長時間労働のせいとは思わなくて、ひたすら夫へのストレスを日本の女性は溜めているという一節がありました。恨みが、とにかく社会構造に向かわずに、怠惰な夫と性格に問題ありのほうに恨みが蓄積されていくと。

上野　社会構造に向かう前に、まず夫でしょう。社会構造が問題なら、夫と共闘すべきです！

コミュニケーションをとれない夫婦を再生産していく日本の家庭

水無田　いま、上野さんの話を聞いていて思ったのですが、ハイパフォーマー女子というのは、

＊カリフォルニア大学バークレー教授。著書に『少子化時代の「良妻賢母」』など。

逆に言うと、社会構造やら雇用のあり方に想像が及ぶので、目の前の夫に怒りをぶつけることも、ストレスをぶつけることもせずに、自分で問題を抱えこんでいる。それが育休世代のジレンマに直結しているんですね。

上野　教えて。なんで抱えこむの？　抱えこむ能力が高いから？

水無田　たぶん、コミュニケーションを取って、要するに交渉して勝ち取るコストと、それに見合う成果ですね。秤にかけた場合、自分でやっちゃったほうが早いからでしょうね。それは良くないことなんですが。

上野　でもそれだと従来型の日本の夫婦関係がずっと再生産されますね。恋愛の名において自己責任で選んだ男と、それくらいのコミュニケーションもとれない女が、子どもとどうやって向き合えるのかと思いますよ。

水無田　だから母子密着型になっていって、妻とコミュニケーション取れない夫をまたこしらえていく。それと、夫の言うことを丸飲みする、全部受け止める女をつくることになってしまうんです。

上野　最悪な再生産ね。わたしも高齢者になったけど、若い人の話を聞いていたら、もう呆然とするわ。

水無田　これは自戒も込めて言うのですが、たまに子どもを夫に丸投げするというだけではなく、もっとなにかを変えていかないといけないですね。

上野　あなたの読んだアメリカの育児本のとおりじゃない。子どもを脇に置いて、夫と話し合うのが一番大事なんじゃないの。とくにコミュニケーション力がなくても、夫婦にもなれ、子どもの親にもなれるという習俗としての結婚がいまでも続いているんですね。

どこまでも鈍感な夫という生き物

水無田　でも、たまに追い詰めないといけない場面もあって、電車の中でブチ切れてケンカになったこともありましたね。わたしがすべて抱え込んでいるのに、夫は自分の授業のことで頭がいっぱいみたいなとき。

上野　男は自分の利益を優先して当然という意識が染みついているんですね。

水無田　もう男は、仕事に目がいっちゃうとダメですね。

上野　そうしてもかまわないと本人が思い、周囲が許しているんです。

水無田　本人だけじゃなくて、周囲が許しているのも問題ですね。

上野　ええ。だからどっちもどっちだと思いますよ。男は鈍感な生きものだから、言ってもわからない。でも、言わなきゃもっとわからない。あたりまえのことですね。

水無田　鈍感というか、仕事さえしていればあとのものは全部ついてくるという時期が長すぎたんじゃないですか、男性は。

上野　あなただって子どもを産むまでは仕事中心だったんでしょう。子どもを産んだら、ガラリとあなた自身が変わったわけでしょう。

水無田　そうですね。わたし、はっきり言うと、頭の中身はおっさんだったので、仕事大好きなんです。こう言ってはなんですけど、子どもはかわいいですが、でも子どもと離れて仕事をしていられる時間が本当に貴重で、幸せなんです。

上野　それはそう。だけどいま、自分の人生の最優先事が子育てであることに間違いないでしょう。

水無田　そうですね。

上野　親になったらそれがあたりまえ。そういう時期があるから、人間の子どもはちゃんと育っているんですよ。そういう親として当然の変化が、どうして父になった男に起こらなくてすんでいるのかがわからない。

水無田　それは、ずーっと繰り返し。上野さんのアグネス論争（＊）への指摘の頃からですけれども。

上野　ずーっと言ってきてます。男も少しは変わるかと期待したのよね。「イクメン」がもて

＊アグネス・チャンがテレビ局に乳児を連れて仕事にきたことについて、「子連れ出勤論争」として賛否両論が戦わされた。

はやされるよりずっと前に、育時連（＊）の男たちは、妻と子どもに向き合うために不利を承知で転職したり時短勤務を選んだりしています。

水無田　子どものために仕事や働き方を変える。だいたい結婚と第一子出産を経ると、正社員の女性の75％くらいがパートや契約社員などに働き方を変えるか、辞めるかしているのですが、それは逆に言うと、男性が変えていないということなんですね。

上野　まったくその通りだと思う。

水無田　うちの場合はレアケースで、非正規雇用同士なので、育休も産休もないというなかで、産後一カ月で講義に復帰しました。私、その頃の記憶がないんです。

上野　あまりに過酷だったから記憶が飛んでいるのね。妻がそういう状態だということを、夫はわかっていたの？

水無田　話し合いの末、育児日記をつけて情報を共有することにしました。育児日記には目盛りが日ごとについていて、何時に授乳し、何時にどういうウンチしたとか、睡眠時間はどうだったとかを書く。それに一言メモ、お互いに何時に何をやったかを必ず書く。

上野　介護記録みたいね。

水無田　圧倒的にわたしのほうが書いてる分量が多かったですね。夫が何をしているかがチェックできるということと、わたしがいないときも必ず読んで、頼んであることをやるようにと。

＊「男も女も育児時間を認めて」という要求を実現するために生まれた組織。

それがいまにつながっているんです。結局、わたしが何か言うよりも、子どもの「パパ大好き」の言葉でコロッと変わったんですが。

上野　それは、報酬がなければ動かないっていうことじゃない。

水無田　なるほど。報酬系ですか、あれは。そうか。わたしの言っていることは、報酬がなかったんですね。

上野　そう。子どもの笑顔が最大の報酬だから。報酬があって初めてやったわけでしょう。日本の父親は、子どもをお風呂に入れるとか一緒に遊ぶとか、子育てのいいとこ取りをする傾向があると言われています。

水無田　じゃあもしかして普段から、日曜日も預けられないような女性は、子どもが「パパだよ」って言われても、「ママ、ママ」って逃げてしまうような事態だと、もう……。

上野　そう。もう手遅れなのよ。

水無田　手遅れですね。

上野　あっという間に手遅れになる。手遅れになったら、おそらく「ゴキブリ」になるのよ。

子どもの成長に立ち会えない親たち

上野　ほとんどの男は、たぶん子どもが初めて立ち上がるときとか、初めてしゃべるときを見ていない、働いているから。でも、それを言ったら、働く母もつらいですよね。

水無田　そうですね。見られないですね。ベビーシッターさんとか保育士さんが見てますから。でも、それって寂しいかなと思ったのですが、共働きの人に聞くと、若い父親はわりとドライですね。たとえばトイレトレーニングとかもやってくれるし、日常的に全部任せられる。すごく便利ですよって、笑顔でね。あまり寂しいという声はないような。

もっとも小学一年生になると、今度は公営の一時保育所のようなものがなかなかない。学童はありますが、うちは入れませんでした。入学直前の3月に引っ越しちゃったので、手続きが間に合わなかった。学童も、今年急に希望者が増えたようです。

上野　子どもが減ったのに、待機児童の数がずっと増え続けているんですね。

水無田　はい。フルタイムワーカーのお母さんがすごく増えていて、ＰＴＡのなり手がいないんです。初回の保護者会にも、けっこう欠席が多かったです。でも行かないと、結構細かな情報が入ってこなかったりするので……。いま、共働きも増えていますし、昼間の時間指定の保護者会に出席できなくても、情報をすべてメールで回すとかしていただければ、父母両方が情報共有できると思うのですが。

共同保育という試み

上野　保育所の問題は今より昔のほうがもっと深刻でしたよ。わたしたちの世代は、保育所がなければ共同保育をやろうと。部屋を借りて、皆でおカネを出し合って保育士さんを雇って。学童保育も同じようにやっていましたよ。

水無田　親保育所みたいな、フランスなどにありますね。

上野　それは「デイマザー」（＊）といって、別な制度です。

水無田　保育ママですね。親保育所というのもあるらしいですよ。近所の人同士で。

上野　それは共同保育。なんの制度的な保障もなくて、親同士が自発的に始めたもの。子どもを預かると事故もあるから、問題が起きたら困るというのでできたのがアンファンテ保険。アンファンテ保険を保険会社と交渉して初めて商品化させたのがソーシャル・マーケティング・プロデューサーの澤登信子さんですね。こういう世代のレガシー（遺産）がある。

水無田　私も、友達の家で子どもが物を壊したときの保険に入ろうと思いましたが。動きが激

＊自分の家に子どもを預かり、家庭で保育をする。ヨーロッパで普及している。

しいので、知人に預けるのは気が引ける子なので……。でも、そういう制度ならば、興味はあります。

上野　できれば同年代の子どもたちの親同士のほうがやりやすいですね。ただ、共同保育だと親の関わりを強く要求するから、週に1日はそれに取られるというようになって。それで、内部が分解していくわけ。両親ともにもっと深くコミットしよう、共同で育て合おうという理念尊重型と、子どもを預けて自分は思う存分働きたいという人とに分裂するんです。

水無田　それは保育所ニーズが分かれるのと似ていますね。保育所に預ける親の階層が、いわゆるキャリアウーマン層と低所得層にと分かれているんですね。中間的な人たち向けには、預かり保育ということで夕方5時～6時まで預かってくれる幼稚園が増えていて、保育所ではなくて、幼稚園の預かり保育を利用するようになった。保育所のニーズは、親の層によって真っ二つに分かれています。

なんか保育の話ばっかりになっていますね。すいません、子育てに関しては、すごく興味もある上に、自分の問題なので。

上野　いま、あなたは子育て現役だから、一番関心が高いのね。

水無田　先ほど、ちょっと触れたんですが、わたしたちは非常勤講師同士なので、祝日講義になると、子どもの預け先にとても困る。なんとか文科省の偉い人に、小一時間くらい窮状を説明したいところなんですが。

一時保育所もないですね。たとえば大学によっては、祝日用に学内に保育所をつくっているのですが、就学児童は預かってくれないんですね。祝日講義だから預けたいのに、そういう学校がない。厚労省は休みをちゃんと取ろうとか、増やそうとか言っているのに、文科省と厚労省は、やっていることが、どうしてこう分裂するんでしょうね。

面倒な人間関係の忌避と冠婚葬祭の商品化

上野　わたしは制度に救済を求める前に、どうして共助を求めないのかが疑問なんです。たとえば待機児童問題もそうだけれど、わたしたちの世代だったら、待機児童問題を言う前に共同保育をやっていました。

水無田　わたし自身は、子どもが乳児のころは夜間の専門学校の授業のほうが多く、通常の保育時間でも間に合わないので、近所の公営一時保育所を利用していました。そこにはものすごく助けられましたが、このサービスがなかったら、検討したでしょうね。ただ、何分普通のお勤めの人とは保育時間が異なるので、そこが大変になったかもしれません。推測ですが、同じ問題やニーズを抱えているフルタイムで働く者同士が、昔はわりと集まりやすかったと思うのです。しかし、いまは、いわゆる緩いキャリアだったりとか、あるいはパートや非正規雇用というふうに、バックグラウンドが違う人たちが増えていることと、プライバシーに踏み込むことにすごくタブー意識が強くなっている。それが同時に起きているような気がします。

上野　前者は、共同保育をやっていた親たちの背景も非常に多様性があったから、指摘が当たっているとは思わないんだけど、後者は当たっていると思います。

いま引っ越しビジネスが大当たりしていますね。業者も増えていますでしょう。引っ越しや葬式というのは、以前は自分の持っている社会関係資本というか人間関係を総動員する場でした。それがいまや、引っ越しと葬儀はビジネスになっておカネで解決するようになったでしょう。面倒な人間関係を避けようというようなメンタリティが、わたしたちより下の世代にものすごく強くなってしまったという感じがありますね。

水無田　タダほど高いものはないという感覚は、確かにあるでしょうね。葬式もそうです。それはコミュニティ論の問題になってくると思いますが。

上野　そうそう。タダほど高いものはない代わりに、金銭では得られない「関係」という資源が得られるのにね。引っ越しの手伝いを頼んだら、「後が面倒じゃない？」という。「面倒」という言葉が、わたしたちの下の世代のキーワードになっている。セックスも、「面倒だ」って言うからね。

水無田　セックスはすごく関わり合いの強いコミュニケーションですから、それが面倒。

上野　セックスが面倒だというなら、何が面倒じゃないの。面倒だというのがキーワードになって、その面倒さをおカネで解消しようというのね。引っ越し代くらいいくらだって出せるけど、わたしはあえて友だちに頼んじゃう。お互いに面倒さも承知の上で。引っ越しが終わったら、皆でウナギ食べに行こうとかね。

水無田　引っ越しや葬式、そして結婚式の互助会ができあがってきたのが、だいたい70年代くらい。だから70年代というのは、日本型の家族関係ができあがる時期でもあり、同時にコミュニティが解体して、おカネを払って互助会みたいなところで結婚式や葬式をやるという時代の始まりでしたね。

上野　そうですね。冠婚葬祭が商品化していった時期ですね。

水無田　はい。そして今日のリクルートの結婚情報誌『ゼクシィ』にまで至るんです。

上野　ズバリ、そのとおりだと思います。

水無田　確かに葬式も、戦前までは自分でおカネを出してやるものじゃなかった。村ごとに積み立てをして、檀家さんにあまり負担させなかった。皆檀家さんですから、高い戒名代なんて吹っ掛けられない。母親の何周忌がくるたびに、戒名をもう一文字足しなさいとか言われて、高額なおカネを吹っ掛けられる。うちの父は、母親に生前何もしてやれなかった負い目からか、言われるままに支払っていました。
70年代以降から顕著になるのですが、かつておカネがかからなかったものが、どんどん商品化されて、おカネがかかるようになってきた。それはみな、コミュニティの解体が前提にありますね。

上野 たしかにそう。それを商品によって代替していったということですね。

水無田 たぶん、そういう商品経済に慣れきっているので。コミュニケーションを取ることについて不慣れな世代になって、一世代経たのがわたしたちの世代なんでしょうか。

摂食障害、自傷行為は90年代から急増した？

上野 コミュニケーションに不慣れなだけじゃなくて、忌避する傾向がある。なかでも一番面倒くさいコミュニケーションはセックスと、親子関係。セックスは忌避しようと思えば忌避できる。面倒なセックスをしたくない人が出てくるのはけっこうなことで、忌避したい人は忌避すればいい。それでもコミュ力なしでもセックスはできるし、コミュ力がなくても親にはなれる。だけど親子関係だけは忌避できません。
わたしは教師という職業を長年やってきて、自分の目の前に登場する子どもたちの世代的な変化をずっと見てきました。あるときから、子どもの世界で何かが起きていると、すごい恐怖心を持つようになったのね。

水無田　恐怖心ですか。

上野　そう。一体何なんだ、ここで起きているのは、と。あるときから、子どもが壊れているという感じがしてきたのよ。

水無田　どんなふうに壊れていると？

上野　自傷系が増えました。それからメンタルヘルス系の心身症が増えた。

水無田　わたしくらいの世代には、クラスに一人はリスカ（リストカット）がいましたね。

上野　それが90年代くらいから、体感として例外とは言えない程度に増えた感触があります。

水無田　わたしの印象では、衣食住に関する授業をやってリアクションペーパーを取ると、「食」については、だいたい女子学生は50人に一人くらいの割合で摂食障害について書いてきます。メディアのせいもありますが、肥満に対する嫌悪感というか、圧迫感を抱く女性が増えています。

上野　東大女子の食べ吐き比率は50人に一人より高いと思う。

水無田　そうですか。偏差値が上がるほど増える傾向があるんですかね。

上野　そう言われています。

水無田　辛いから、リアクションペーパーみたいなものにでも気持ちを吐き出す。書かざるを得ないくらいに追い詰められている。それより軽度な子どもは、もっといるでしょうね。

上野　何が言いたいかというと、夫婦関係というのは大人の男女の関係だから、それからどんなツケをお互いが払おうが、ある意味、自己責任と言い放ってもいい。だけど、子どもはそういうわけにいかない。子どもとの関係をちゃんと取れない大人たちが出てくると、子どもにツケが回る。子どもとの関係は面倒くさいじゃすまないわけ。

水無田　それはそうですね、はい。

上野　一番面倒くさい関係は、おそらく大人の男女の関係よりも、子どもとの関係。お互いに逃げも隠れもできないから。その中での子どもの壊れ方を見ていたら、日本の家庭の中でやはり何かが起きているとしか思えません。

第三章

非婚時代の家族の肖像・親子関係の真実

結婚させたかったら、兵糧攻めにせよ

上野　日本の夫婦の結婚生活が継続しているのは、別段夫婦仲がいいからではなくて、ギブアップした男女が一緒にいるからにすぎない。いや、ギブアップした女と鈍感な男の組み合わせが続いているというだけ。そう考えると、どうして結婚が増えないかという理由はとても簡単、なぜなら結婚がちっとももうらやましくないから。これじゃダメ？

水無田　ああ……、放っておけばいいと。

上野　いいんじゃないですか。結婚は結局、個人の自己選択。山田昌弘さんが言っています。結婚させるためにはどうしたらいいか、兵糧攻めにしようって。

水無田　身も蓋もありませんね。

上野　家から追い出して、経済的に締め上げろって。一人口《ひとりくち》より二人口《ふたりくち》のほうが食っていけるからって。

水無田　うちなんか、兵糧のために結婚したようなカップルですから。

上野　だからちゃんとエビデンスもある。

水無田　それで生活しやすいかといったら、また別問題ですけど。

上野　子どもがいなかったら、二人のほうがきっとラクだったでしょう。出産という番狂わせがあったからですよ。

水無田　ああ、そうですね。おかげで、いまの社会の問題がよく見えるようになったのは、いいことですね。

上野　まあ、見たくて見るものかどうかはわかりませんけどね。

水無田　でもわたしは、パラレルワールド100通りがあったら、わたしの残り99人は子どもを産んでいないはずなので、この世界のわたしは母親界に参与観察しにきたんだと思って、毎日お母さんたちを観察しています。

上野　さすが社会学者。そうでも思わないとやっていられないというのかもね。あまり計画的な人生は送っていらっしゃらないようですね。

水無田　まったくもって。流されるままに生きてきました。

上野　それもよくわかりました。流されるままに生きてきたというのも、ある意味恵まれた育ちのおかげですよね。

水無田　そうかもしれないですね。体力と根性だけは、なんとか。

上野　自信があった？　それで夫を免責してきたのなら、悪循環ですね。

水無田　そうですね。わたしみたいに体力と根性のある女じゃなかったら、非正規雇用同士で、子どもを産んで育てることなんてムリということが、（夫は）わかってないんですね。

上野　それはあなたがたまたま非正規だから。もしあなたが正規雇用の大学教員になっていれば、高学歴女子であるあなたは、「２０２０年までに指導的地位に占める女性の割合を30％にする」という政府目標の「２０３０《にいまるさんまる》」の30に入るでしょう。どちらにしても困ったもんですね。

水無田　ああ、困ったもんです……。

非婚、少子化で困るのは財界だけ

上野　人口現象というのは、個別のミクロな行動の集積がマクロ現象になったもの。一人一人は自発的な意思決定をやっている。これを無理やり結婚させたり、無理やり妊娠させたりはできません。結婚が面倒くさいと考える人々が出てきて非婚者が増えていくのもむりはない。そうさせないための努力をしなければ、結果はついてきません。

　コミュニケーションを面倒くさいと考える人たちが結婚しなくなるということは、コミュニケーション抜きで結婚し出産する人が減ること。それは最終的には次の世代に生まれる子どもたちにとってはいいこと。そんな人たちが親にならないほうがマシだと、わたしは思っています。

水無田　そう言ってしまうと、すごくスッキリして、わたしもおおむね賛成です。先ほど言いましたが、子どもは市民ではないからくるべきではないというおじさんがいたときに、わたしも正直なところ、二度とこの手のフォーラムにこれなくなるくらいに論破してやろうかと、一瞬思ったんですすが。

上野　つぶせばよかったのに。

水無田　そのおじさんの横に奥さんらしき人がいて、震えてるんですよ。目をぎゅっとつぶって。ああ、たぶんこういうところに女房を連れてきて、いばっているおじさんなんだなと思って。見も知らぬ女の子どもについて、ガーッと怒鳴るていどのおじさんだから、たぶん家でもどれだけのことをするんだろうと思って。

上野　もっとひどいんでしょうね。

水無田　そう思ったんです。たぶんそこでわたしが論破したら、家で奥さんはＤＶコースだなと思って、思いとどまって何も言わずに子どもを連れて会場を出てきた。

上野　妻に対する惻隠の情から……。

水無田　刀は抜かずにおくぞ、という。ご妻女のために……、みたいな感じでしょうか。

上野　本当は武闘派なのにね。ボコボコにつぶしてやればよかったのに。

水無田　いえ、いまここでおじさんをつぶしたら、明日あたりの新聞に出たらどうしようっていう気がしてしまいまして……。で、思ったんです。たぶん、ああいうおじさんが結婚できなくなったり、生涯未婚者のまま進んでいくほうが、たとえ未婚率が上がっても、世の中にとってはいいいと。

上野　いいじゃないですか、それで。それこそＳＯ ＷＨＡＴ？　一体、それで何が問題なの？『子どもが減って何が悪いか！』（ちくま新書、２００４年）というのは、社会学者の赤川学さんの本のタイトルですが、結婚が減って、子どもが減って、誰が困るんですか？　という話。「困る、困る」と言っているのは、財界だけですね。

水無田　人口規模が、そのまま国富という観念を背負っている人は困りますね。

上野　国民経済の規模が縮小するという、たった一つそれだけの理由から。それなら縮小経済に見合ったギアチェンジをすればいいだけ。それをやらない、やりたくない人たちが困ったと言っているだけです。その人たちを困らないようにしてあげるために、若い女が子育ての負担を背負いこんでやる理由は、何一つない。以上、マル、終わり。

「３年間抱っこし放題の育休」は、女性の社会復帰を拒む施策

水無田　２０１３年の成長戦略のスピーチで安倍晋三首相が「３年間抱っこし放題の育休」と

言いました。あれは本当に、あさって過ぎて笑ってしまう、というほどの意見でした。

上野　いえいえ、わたしはもっと厳しく見ていますよ。あさって過ぎて笑ってしまうなんて、そんな甘いことを言ってちゃいけません。

水無田　そうですか。

上野　ということは、そういう3年もの育児休暇をできればほしいと、あなたは思っているわけ？　思っていないでしょう？

水無田　いいえ。だって3年間、地域と家庭のケアを全面的に負ってきたら、まず社会復帰はできなくなります。

上野　そうでしょう。女があの当時、一番要求していたのは育休明け保育だったのに、0歳から3歳まで保育コストの最も高くつく間の育児支援はやりませんという宣言と同じ。わたしはあれをそう読みました。

水無田　それに加えて、当事者の女性問題に矮小化してしまう問題も大いに含んでいましたから。正規雇用の職から外れたときの損失が大きすぎる問題や、男性も育児参加するという方向に行かないのかという問題を、当時、わたしは提起したつもりなんですが。

上野　行政にはそれを変える気はまるっきりないわけでしょう。だって女を使い捨てしたいっていうのが、もうありあり、見え見えなんだから。

水無田　「2030」と数値化したことですね。源流はナイロビ将来戦略勧告（1990年）ですね。女性の指導的立場の人を3割以上にしようと。あわせて1995年に世界女性会議を開催するよう国連に勧告しました。それで小泉さんが30％と言いだして、さらに安倍さんがそれを持ってきたという感じ。

10代の妊娠率と中絶率は高まっている

上野　結婚してほしいの、ほしくないの？　と問いを立てるよりも、結婚してほしいのは、その実、子どもを産んでほしいからでしょう。

水無田　はい。政府は、法律婚カップルからではないと子どもを産みにくい状況について、改善する気はないようですから。

上野　単にそれだけですよね。いまは結婚が出産のための前提になっているから、まず結婚という順番だけど、結婚をバイパスしても子どもを産んでさえもらえれば、全然問題がないのにね。

水無田　ところが、それをやる気があんまりないんですよね。

上野　だから、どんな条件でも生まれた子どもを安心して育てられる環境をつくりさえすれば、子どもが増えるための条件はいまでもあるのよ。なぜかといえば、10代の妊娠率は高まっているし、中絶率も高まっていますから。

水無田　全年齢階層で出生率は減ってきているのに、10代だけ、微増なんですよね。

上野　最近はやや減少傾向ですが、それもセックスの頻度が低下したというより、避妊の仕方がうまくなったからでしょう。

共同親権の問題点

水無田　自分の中で答えが出ないのですが、日本で離婚後の共同親権を認めるべきだと思いますか。いまは単独親権しか認められていませんが。

上野　タテマエではイエス、ホンネではノー、です。

水無田　それはなぜですか。

上野　タテマエでは、やはり親が二人いるのに、単独親権にするのは、まったく理屈にも理念にも合わないし、父親を免責することになる。それ以前に、単独親権にはもっと根の深い問題があって、子は家のもの、胎は借りものという思想から生まれたものです。1950年代までは離婚して親権を得るのは9割くらいまでは夫方でした。

水無田　そうですよね。だって家制度の中で養育能力があるのは男性ということになっていたので。

上野　その場合でも、実際の養育力は夫の母の祖母力でした。核家族化に伴って、祖母力を失ったせいで、男が簡単に親権を手放すようになったというだけの話です。それ以前は、離婚が即、子どもを置いて婚家を出る、つまり女が子どもと引き離されることを意味していたために、それが離婚の抑止力になったというのが事実。子どもと別れたくない母が受忍したというね。

水無田　母親の親権取得が父親を上回った1965年に、親権者になれなかった母親がこっそり子どもを見にきているのに対して、子どもとの交流を認めない判決が下った裁判例もありました。

上野　親権が妻方にくるようになったおかげで、女性が離婚しやすくなったというのは大きな変化です。子どもをひきとれば経済的には苦しくなるのを覚悟で、女は子どもと離れないほうを積極的に選んでいるのに、男は簡単に子どもを捨てますね。

それだと夫を免責することになるので、理念から言うと共同親権はイエス。グローバルな動きはそちらです。でも実態から言うと、共同親権にしたら、男がやることはろくでもないことばっかり。それはすでに経験則でわかっていたことですね。

ハーグ条約（＊）でも同じことが言えますね。相手方にいる子どもを女親が連れ去ろうが、

＊国際的な子の奪取の民事面に関する条約。不法な児童連れ去りを防止することを目的とする。

男親が連れ去ろうが、残された配偶者がどちらも同じように権利主張できるというのがバーグ条約ですが、共同親権を認めれば、面会権や居住地の制限を課されます。すでに共同親権を認めている国の様々な実態から言えば、たとえば夫が面会時に子どもを性的に虐待するとか、いろんな問題が発生しています。

水無田　わたしもほぼ同じような意見ですが、現実の離婚に至った事例を見たり聞いたりしていると、整理がつかない点がありまして……。端的に言って、結婚後の結婚生活を考えられる人じゃないと、共同親権は無理なんですね。ところが離婚するカップルは、ほとんどが最終的にはコミュニケーションも取れないような形になっている。そもそも、離婚後の家族のあり方をじっくり話し合えるような関係ならば、離婚に至らないので。そしてそのコミュニケーション不全は、男性のほうがずっと深刻です。

よく家族を解体するから離婚は反対みたいな言い方をされますけど、実態から考えると、いまの日本の離婚というのは、子どもがいる場合は、「家族による父捨て」なんですよね。『シングルマザーの貧困』を書くときにお話をうかがった女性たちは、離別の方々はほぼみなさん異口同音におっしゃった。「離婚して、家族は幸せになりました」と。

上野　まったくおっしゃるとおりです。「ファザーリング」という言葉が出るたびに、わたしがいつも警戒心を持つのは、父親の権利を主張してきたアメリカの男性団体がやったことは、本当にろくでもないことばっかりだからなのよ。いやがる子どもに面会権を強要するとか、それをやらないとペナルティで養育費を送らないとか。

そもそも「母親にではなくて父親にしかできない子育て」なんて、わたしは信じない。マーサ・ファインマン（＊）がいっています、「子育てにはマザリングしかない、そしてそれは男にも女にもできる」と。「ファザーリング・ジャパン」の安藤哲也さんは、そのとおり、と言っていましたが。

水無田　なるほど。父の権利ですか。母親が子どもの養育権というか、監護権を取るようになってきたのは、単純に男性に養護能力がなかったからでしょうね。核家族化という世帯類型の変化があっただけの話で、女性の権利が強くなったとか、主張が強くなったということではないんですね。

上野　それだけじゃなくて、女性が子どもと離れたくないという選好ですね。だから離婚のハードルが下がったという条件の一つに、単独親権を妻が取れるようになったということが大きい。夫方に単独親権が行っていた時代にも、元々育てていたのは妻だし、引き取ったのも夫の祖父母です。

水無田　そうですよね。家の子どもとして、祖母が嫁を追い出して子どもを取り上げて、その後の家庭生活を牛耳っちゃうということ。

＊『家族、積みすぎた方舟』の著者、フェミニスト法学者。

上野 そう。だから妻方に単独親権がくるのは女性にとってはベターだったんじゃない？ 父親の権利って言いだした人たちのやったことは、養育費を盾にとって面会権を要求するとかね。

水無田 それがイヤで養育費を拒否したみたいな話はけっこうありますね。そういう人は自立しているので、おカネにも困っていない。

子育てに対して社会が全体として対価を支払う国

上野 個別の親子関係のもとで父親から養育費を取るよりも、それをもっと社会的な育児支援に変えたのが「子ども手当て」という制度ですね。民主党は初めてユニバーサルな子ども手当てを提案しました。公約は2万6000円でしたが減額されましたけど。

わたしが知っているケースだとスウェーデンの子ども手当ては、ちょっとデータは古いけれど、1980年代で700クローネくらいだった。購買平価で日本の7万円くらいです。それが18歳まで出るわけね。そうすると、子ども1人700クローネで、3人いたら2100クローネ、約20万円くらいになる。三児の母だと、国から約20万円の給料をもらって子育てできるという状況になるわけ。いまはもっと減っているようです。

ドイツだと三子め、四子めに対してさらに手厚い手当てが出るから、子だくさんだとリッチになる。４人くらい子どもがいるシングルマザーだと、子ども手当てに寄生しようと再婚希望の相手に事欠かないと聞きました。子育てに対して社会が全体として負担を分かち合うという制度です。

しかもそのおカネは「育児給付」じゃなくて、「子ども手当て」なわけね。育児給付は育てている親に対して、もし働いていたら得られるはずの逸失利益を保障するという考え方だけど、子ども手当ては子どもの育つ権利に対して、国がそれを保障する制度。たまたま親は社会から子どもを預かるというもの。子ども手当だったら、国の干渉ができる。子ども手当が不適切に使われていれば、公的な介入ができる。

わたしはこれを本当はやるべきだと思っています。たとえば子どもに月７万とか８万とかの持参金があったとしましょう。そうしたら、こんな虐待親はイヤだと思ったら、その持参金を持って水無田さんちに、「おばちゃんちの子どもになるから」ってくればいいじゃない。

障害児を育てている自らも障害者の安積遊歩さんによれば、障害年金をもらっている彼女の子どもは国からの給料つきのようなもの。「障害をもった子どもだけじゃなくて、すべての子どもに給料がつけばいいのにね」と言っていました。だって国家が14歳までの少年労働を禁止しているんですから、禁止したなら子どもの生活保障をする義務があると思いません？

水無田　なるほど。子どもに手当てをつけられるからということですね。

上野　そうなると、たとえば3人子どもがいたら、20万円ですから、いまの非常勤の稼ぎよりいいかもしれません。

水無田　ああ、それいいですね。

上野　そのくらいのことをやってもいいと思いませんか。すごくおもしろいエピソードがあるのよ。ある経営者団体でしゃべったんですよ。そうしたら、聞いていた若手の経営者がお互いに突っつき合って「おい、おまえ、おまえの乗り逃げをもっとやりやすくする制度だってよ」って言い合ってるの。わたしは、賢いヤツらだと思って、「はい、そのとおりです。この制度は男の親としての責任を免責するための制度で、たしかにあなた方の乗り逃げを容易にするための制度ですが、この制度は個人としての男は免責するが、集団としての男は免責しない制度なので、最終的にはあなた方の税金で払うんです」という話をしたわけ。

仮に月に7万円、夫が養育費を送るとしたら、それはパーソナライズされた名前のついたおカネなわけ。ところが国からくれば、それは名前のないおカネなわけよ。女にとっては絶対こっちのほうがいいに決まっている。

水無田　そうですね。日本のシングルマザーは、本当に養育費をもらっている率が低くて、継続して受けている人は2割以下なんです。『シングルマザーの貧困』を書いているときに一番辛かったのは、ダメ男のダメな生態をひたすら聞き続けるという時間でした。聞いていると、もう、彼らとのコミュニケーションなんてムリ。そうなってくると、別れた旦那からもらうよりは、国からもらったほうがいいというのは確かです。

あるいは先ほど言われたスウェーデンだけではなく、デンマークもそうですが、児童給付の形で、相手の男性から徴収したおカネも、その個人からではなくて国からくるわけですよね。なんでそれが日本でできないのか。

上野　本当にね。養育費の強制徴収だって国がやればいいのにね。なんでそれが日本でできないのでしょう。少子化対策を本気で考えるなら、そこまでやらないとね。日本はほんとうに男に甘い社会です。わたしはシングルマザー支援をやらない限り、少子化対策に国が本気だとは信じないのだけれど。

水無田　はい。そう思って『シングルマザーの貧困』を書いたんです。少子化対策をというのであれば、要するに子どもの間の絶対的な平等ということを前提にして、親の環境がシングルマザーであれ、シングルファザーであれ、法律婚カップルであれ、スタート地点での最低限の平等は保障はされるような形でないと、子どもの増えようがありません。

変化のない、変化できない日本という国

上野　2013年に最高裁で、婚外子相続差別の違憲判決が出て、やっと民法がそこだけピンポイントで改正されたでしょう。日本はそれくらい変化のない社会ですからね。

水無田　あれにもずいぶん反発が出ましたね。それこそお妾さんの子どもに財産をやるのかと。お妾さんという言葉を、公的な場面で久しぶりに聞きました。学生に聞きましたよ、「君たちわかる？　メレンゲじゃないよ。お菓子じゃないんだよ」って。

上野　というくらい、意識が変わらないところですから。しかもそういう旧態依然たるおじさまたちが、いまだに権力の座についています。

水無田　想田和弘監督の、『選挙』というドキュメンタリーというか観察映画があります。自民党から出た落下傘候補の選挙活動を追った映画。一つ一つの場面が静かに淡々と描かれているんですけれども、見ていて怖くなってしまった。

奥さんが選挙演説に一緒について回るんですが、「妻が」と言ってはダメなんですね。「家内が」――と、保守的な層に合わせて言い換える。あるいは老人ホームに行って、候補者と一緒にその妻がラジオ体操をやったりするんです。妻も仕事があるのに、選挙となると「内助の功」を見せなければならない。これが21世紀の日本かと……。

上野　それもそうだけど、あなたたちの世代を見ていても、妻が夫を「主人」と言う慣行は変わりませんね。

水無田　そうですね。先の映画では妻のほうも、裏で夫にメチャクチャ文句を言っているんですが、表では「主人が」、「家内が」と。

上野　と言っている。それは20代でも変わらない。

水無田　そういう中から出てくる政治なんで。それはもう……（絶句）。

男らしさ、女らしさの再生産はなぜ起きる？

上野　先ほど言われたことで少し気になったのは、「母子家庭は家族の父捨てだ」。もともと夫が家にあまりいなかったとか、いるだけストレスだった夫を切っただけだから、そのほうがベターだとする選択だったらまったくそのとおりだと思いますが、別れた夫とコミュニケーションを取りたくもない、顔も見たくない、子どもにも会わせたくないというくらいのボロボロの関係になるような、そういう男たちといったんは結婚し家庭を築いたんですよね。でもその男たちも、せいぜい生まれてから20年から30年で、そうなったんでしょう。

水無田　この話をラジオでしたところ、大竹まことさんがしみじみとおっしゃった。「でもね、好きでダメになったダメ男っていうのはいないいんだよ」と。

上野　生まれて20年、30年ばかりで、なんで男はそんなダメ男になるの？　好きでそうなったわけじゃなかったら、ますます謎ね。DV男は年代を問わずにいるし、デートDVもある。地方の女子高生のデートDVの話を聞くと、昔のワンマン亭主に仕える妻の話と何一つ変わらないし、男の嫉妬妄想も変わっていない。認知症のジイサンの妻に対する嫉妬妄想と、嫉妬妄想からガールフレンドの携帯をとりあげたり行動を制約したりする10代の若者のデートDVも変わらない。

生まれたときにはそうじゃなかった男女が、育って十数年で、そのくらい違いが生まれるわけよね。このジェンダーの再生産は、一体どうやって行われているんだろう？　本当に不思議でしょうがない。

水無田　最初からダメを目指してダメになった人はいないんですが、どうも社会の中にある望ましいもの、規範的な像がもたらしている問題のような気がします。人間、イヤなものとか、マイナスなものを改めようとしたり、捨てたりしようとするのは比較的がんばればできるのですが、これは譲れないとか、これはかけがえがないとか、これはあってあたりまえと思っているような価値規範は、なかなか捨てられないですよね。男らしさ、女らしさという規範、男性のほうが優位でいなければいけないといった価値規範に、男性はもちろん、女性も取り込まれています。

そういった規範問題を科学的・客観的に見て解決するというのはなかなか難しいし、個人的に、あるいは自分の世帯の中ではそうしたとしても、いわゆる世間の慣習とか習俗、その全体を変えるというのはすごく難しい。自分たちの世帯の中で合意しているものでも、必ずなんらかの形で習俗とのぶつかり合いとか、禍根とかのトラブルが起きていくわけですね。

上野　あなたにそういうふうに言われてしまうと、この文化の再生産は永遠に終わらないというふうに聞こえます。「ダメ男は好きでダメになってるわけじゃないんだよ」って大竹さんが言ったと言いますが、いま議論している対象はダメ男じゃなくて、普通の男。普通に鈍感で、普通にキレて、普通に自分を最優先してかまわないと思いこんでいる男たちのことです。

水無田　普通が怖いんですね。それを考えると。

上野　普通なんですよ。ダメな男じゃなくて、あまりにも男らしい男たちですよね。

社畜と家畜の結婚生活

水無田　書籍の中で扱った事例としては少ないのですが、離婚したシングルマザーの方々の話を聞いていると、皆さん、すごくサバサバされているんです。逆に、本には書けませんでしたが、婚姻関係を継続している中でDVを受けたり、生活費を渡されなかったりしている人、わたしはそれを「潜在的シングルマザー」と呼んでいますが、そういう人たちのほうがより煩悶し、苦しんでいる。

ある意味では、子どもを連れて離婚するのにはとてもエネルギーがいる。それだけのエネルギーのある方でないと、シングルマザーにすらなれないのが日本の現状ですね。

上野　まったくそのとおりだと思う。

水無田　日本は所属社会なので、結婚という枠組みの中にあって、家族に所属している女性はすなわち問題がない人と見なしてしまいがちです。けれども、実は、普通に仕事をこなして、普通に社会の中にいて、所属があると思われている人たちのほうが葛藤も大きい。その病巣をきちんと見ておかないと、それこそマスの人たちが抱えている問題が今後も再生産されていくだろうし、問題の芽は見えてこない。

上野　それは、40年も前に、主婦問題と社畜問題としてとっくに言われたことです。

水無田　変わっていないんですよ、その社畜ぶりが。そして女の人は、こう言っては問題あるかもしれませんが、家につかなければならないという意味で、「家」畜でもあるんですね。

上野　そうか。社畜と家畜か。

水無田　はい。社畜と家畜なんです、日本の結婚というのは。だから常見陽平さん（＊）が、あえて、「俺は仕事を辞めて家畜になった。家畜、最高だぜ」と言ったんですね。奥さんが働いていることもあって、仕事を辞めて大学院にはいり、そして家畜になった。家畜宣言をやっ

＊人材コンサルタント、千葉商科大学講師。

たんです。

上野　でも家畜であるための条件は、飼い主のご機嫌をうかがうということよ。常見さんという人は、それをやっているの？

水無田　やっているはずです。少なくとも、彼ほど妻のご機嫌をちゃんと確認している男性はあまりいませんから。でも、それを利用しながら大学院に進学して、大学教員になりました。戦略的に自分のキャリアを考えてもいる人です。男性も、そういう人が出てきたのは本当におもしろいと思いました。でも時間や自分の居住地域から離れられないというのは、やはり家畜であり地域畜であるということですよね。そこを離れることに対してすごく抵抗感が自分の中にもあるし、ＰＴＡ活動から、町内会活動から、何かから。いろんなところに拠点を構えている上野さんだったら、あまり縛られることなく、自由に行き来されていると思いますが、家族世帯だと、なかなか……。

地域コミュニティに積極的にコミットするのはなぜ？

上野　おかげさまで、子どもがいないと地域コミュニティにコミットしなくてすむんです。子どもがいたら逃げられない。

水無田　逃げられないですねえ。逆に言うと、逃げるんじゃなくて、子育て支援ＮＰＯやまちづくり活動で、自分の選択した地域コミュニティに積極的にコミットすることによって、強制参加だけじゃないところに味方をいっぱいつくるというのがわたしの戦略で、それでなんとか生き残ってきたんですね。だから、ボランティア活動とかＮＰＯ活動をやっているというと、すごく奉仕の心があるように思われるんですが、実際には、自分のためなんですね。

上野　それはよくわかりますよ。たしかに選べない地縁や社縁だけでなくて、自分で選べる選択縁（＊）をつくることで、風通しよくするしかありませんから。それにしても暮らすのに手一杯と言いながら、よくそこまで余力がありますね。

水無田　いや、手一杯だからこそやるんです。とにかく周りに味方がいなかったですから。

上野　必死ですね。

水無田　祖母力があったら、全然違ったと思いますよ。すごいパワフルだった母ですから、年を取っても、たぶんいまでも元気いっぱいに子どもなんか、いくらでも預かってくれたと思います。幸か不幸か、そういう人がいないので自分で選択縁をつくるしかありませんでした。地域資源でもなんでも、夫をおだてることから始まり、地域に参加することも含めて、あるものを全力で使ってやっていくしかないですから。

上野　はい。必要は発明の母ですよね。それはわかります。

＊①加入脱退が自由で、②包括的なコミットメントを要求しない、③強制力を持たない、脱血縁・脱地縁・脱社縁の選べる人間関係。

水無田　頼れる相手は夫と、自分が選んだコミュニティの人たちです。上野さんがおっしゃったように、自分がケアしないと生きていけない子どもを抱えて、自分の人生も先行き不透明です。でも、そういう人は今後増えていくでしょう。自分も大変だから、それはよくわかるんです。

この社会をなんとか健全な方向に持っていきたいと思っているだけなんですが、それは、旧来の均質性の高い社会への適応を意味しません。既存の「正しさ」以上に、今生きている子どもの問題を解決したい。男性に「所属」する女性しか子どもが産めない、育てられないではなく、望む女性すべてが子どもを望む数だけ産むことができて、同時に産みたくない女性はそのことを批難されない社会にしたい。それは、女性の「産む権利」の獲得だと思っています。強制もされず、ペナルティも受けない権利のために、やれることはやっていきたいんです。

第四章

オス負け犬と女子文化の爛熟

非婚ではなく、婚前離婚

上野　ここまでの話の流れから言うと、どうして男は生まれて20年やそこらで、これまでどおりの男になってしまうのか。そして、女のほうは変わったんだから、男のほうに変わってもらわないと、日本の未来はないという話ですね。

水無田　ないですか、未来は。

上野　だって、どうするんですか。じゃあ日本の女は、これまでどおり、そしてこれから先も、懲りずに実質的に母子家庭をやっていくんですか。

水無田　もうパンクですね。

上野　現に、生まれる子どもが少ないじゃありませんか。これまでは家庭内母子家庭だったけど、今はリスクを切り捨てた本物の母子家庭になったというだけの話です。

水無田　母子家庭は増えていますから、確実に。

上野　母子家庭になった人たちは、望んでというケースもあるかもしれませんが、ある意味、勢いで、というか、間違って母になってしまった人たちです。いったん結婚して母になった人たちをじーっと見ていた結婚しない女たちは、こんなワリの合わないことはやらないでおこうと思ったんでしょう。

　1980年代、諸外国で離婚率が上がっていたときに、日本の離婚率は横ばいで上がりませんでした。このときに日本の学者たちは、日本には世界に冠たる安定した家族制度があるからだと言っていました。でもそのときには、すでに非婚率が上がっていたんです。私は非婚のことを「婚前離婚」と呼んでいます。

水無田　ああ、それは的確な表現ですね。旧来の均質的な家族規範に入るには無理がある人たちが、最初からそれを選択しないということでしょうか。

上野　離婚は結婚しないとできないけれど、非婚は結婚する前に「やーめた」というものなので。人口学的に言えば、日本の非婚率の上昇は、諸外国における離婚率上昇と機能的に等価です。

専業主婦という上流階級

水無田　それはやはり情報化の影響と、ダメ男のスクリーニング技術が上がったということですか?

上野　いやいや、結婚が生活保障財ではなくなったからです。生活保障財だったら、ダメかどうかは選んでいられない。とりあえずおカネさえ持ってくれれば、夫の役割が果たせた時代ではなくなったからでしょう。

水無田　わたしは、主婦は「家族や地域の時間財」という言い方をしてきました。言うなれば、自分の自由な時間、人生の重要な貴重な昼間の時間帯を、ほぼ家族や地域のために差し出すことを前提にして、専業主婦業は成り立っている。けれど、今はそこまでして見合う見返りも少なくなって、コストパフォーマンスも悪くなってきている。そこまでするほど価値ある結婚相手の男性が減ってきているんでしょうか。

上野　それが事実だと思いますよ。実際にダブルインカム率が全世帯の6割に達しているでしょう。

水無田　そうですね。専業主婦と共働き世帯の割合が、1997年以降逆転して、今は共働き世帯のほうが多数派です。

上野　「ダグラス＝有沢の法則」に従えば、無業の女性の世帯年収が高いという傾向はなくなっていないので、今は専業主婦であることがプレステージになったでしょう。

水無田　そうですね。ちょっと前の「VERY妻」ですか。いわゆる、光文社の『ヴェリィ』や『ストーリー』のような雑誌に出てくるアッパークラスの主婦。

上野　最近、生まれて初めて『ヴェリィ』から取材を受けました。

水無田　えっ、そうなんですか。

上野　そう。あの分厚い、なんか肩こりそうな本。キャッチフレーズがすごい。「基盤のある女は強く優しく美しい」。で、その「基盤」を、わたしは直ちに英語に訳してみました。「インフラストラクチャー」と。ミもフタもなく言えば、インフラのある女は、強く優しく美しいと。インフラって夫の収入と資産ですね。

水無田　そう言ってしまうと、本当に身も蓋もないですね。でも、どういうインタビューだったんですか。すごく気になるんですけれど。

上野　何だったか忘れました。身の上相談だったかなあ。

マーケットの成熟が「女子文化」を成長させた

水無田　あの『ヴェリィ』が、最近、社会派になっているんです。フェミストに話を聞くようになってきたと最近聞いたんですが、上野さんのところに行くとは。

上野　その中にわたしが入っているわけ？　あはは。

水無田　そして『アンアン』がフェミニズムについて特集。わたしに話を聞きにきたんです、急に。社会派なほうがモテるという方向性になってきたんですよ。

わたしのような非正規雇用のフリーランスでいろいろやっているような人間が、なんとか表に出られるようになったのは、上の世代の女性編集者や研究者、テレビですとプロデューサーなど、女性スタッフの方々や、それから同世代かそれより下の男性が決定権を持つようになってきてからなんですよね。おじさんにまったくウケない人間なんです、わたし。

上野　そのとおりですよ。紙媒体の世界では、同じ変化がその前に起きています。わたしはそれを「女子文化」と呼んでいますが、たとえば酒井順子さん。あの人は、まったくオヤジにウケない文章を書く人ですね。その彼女が『週刊現代』というオヤジ週刊誌に、長期にわたって連載コラムを書いていています。

水無田　わたしは「マーガレット酒井」の頃から好きなんです。「オリーブ少女」（＊）を少々たしなんでおりましたので。

上野　彼女は女子文化の中で生息してきた人ですね。そういう人を使おうという人たちが、編集者の中に登場してきたからでしょう。それから、なんといっても女子マーケットが成熟してきたということがあります。そのマーケットがあるから、女子向け言論が商品になりました。すごく簡単なことで、女子マーケットが成熟したのは、女が経済力をつけたからです。

水無田　これは消費社会論の話にもなりますよね、単純に。でも一方で、たとえば年間を通じて給与所得がある女性でも、その7割くらいは300万円以下です。その内、非正規雇用が6

＊1980年代から90年代にかけて雑誌『オリーブ』の愛読者でリセエンヌ的なファッションやサブカルチャーに興味を持つ若い女性たち。

割、それも40代後半を過ぎると7割です。そういう状況で、女子マーケットが成熟した状況をある程度維持できているのは、これはどうしてでしょうか。

上野　二極分解しています。分解していますが、全体のパイは大きくなっているのでしょう。

水無田　先ほども言ったように、医療や福祉をはじめとして、女性を好んで重用するような場が増えていますね。

オス負け犬という悲惨な存在

水無田　上野さんの著書『男おひとりさま道』（法研、２００９年）に対する反響はどうでしたか？

上野　もう少し怒りの声がくるのかと思ったら、思いもかけず、「身につまされた」「人ごとと思えなかった」という声が多かったですね。でも、売れてはいるが、買っているのは半分以上、女性のようです。結局ああいう本は、男が自ら手を出すよりも、女が読んで男に読ませるという売れ方しかしないでしょう。

負け犬というと無条件にメス。非婚問題やおひとりさまも、無条件に女。オスと男がどうして出てこないのか。わたしは前からオス負け犬について斎藤環さんと論争をしているのですが、彼はそれをフロイトのペニス羨望で説明します。結局女にとっては結婚と出産がペニスの代用物だから、負け犬が問題になるのだと。そうではなくて、心理学者で臨床心理士の信田さよ子さんとも意見が一致したのですが、オス負け犬のほうの現実があまりに厳しすぎて、ギャグにもならないからではないかと。メス負け犬のように自分を笑えない。そんな余裕すらなくて、見たくない、聞きたくないという否認が働くのだろうという見立てです。たとえメディアがオス負け犬をテーマ化しても、まずしないでしょうが、きっと売れないでしょうし。

メス負け犬がどうして登場したかというと、息子の婚姻による世帯分離が慣行化したからです。それ以前は、娘は兄弟が結婚したら、家に居場所がなくなる。だから娘には他出圧力が親からかかりました。あんたが家にいると、お兄ちゃんや弟にお嫁さんがこないよと。この言葉がやがて消えてなくなります。これがやはり、負け犬出現の大きな理由ですね。

水無田　なるほど。それが80年代以降に一般化したと。

上野　少子化と、結婚による世帯分離の慣行化、この二つです。いまや結婚による世帯分離は男女を問いません。長男も結婚他出しますから。

アニメやアイドルに入れ込むから非婚になるという言説

水無田　よく、いまの若い人たちが非婚化しているのは、アニメや二次元アイドルなどに入れ込んで「萌え消費」に浸っているからであり、安全な相手を擬似恋愛対象にしているからではないかと言われたりするんですが。

上野　それに、賛成します？

水無田　賛成しません。

上野　わたしもしない。

水無田　ですよね。ある編集者に真顔で言われて、全力で批判して、否定して帰ってきたことがあります。

上野　あなたはどういう根拠で否定するの？

水無田　まず、萌え消費市場は女子のほうが大きいということ。コミケ（コミックマーケット）に出店しているのは、だいたい6割は女子。幕張メッセでやっていた初期の頃は、9割がた女子だったみたいですね。その頃は統計を取っていなかったので、同人サイトをつくっている人たちの目視ですけれど。基本的に参加者は女子ですね。オタクは、女子のほうが多いのです。

男性ポルノグラフィ市場と同じような規模。

上野 ああ、そういう理由ね。

水無田 バーチャルな相手に恋をした経験があるのは圧倒的に女性のほう。むしろ同人活動を続けるために結婚したという人たちもいます。恋愛と結婚は別。二次元と三次元に分裂していたりする女性も珍しくはない。

上野 あなたも腐女子で既婚者でしょう。

水無田 おっしゃるとおりです。

上野 男のバーチャル消費は女よりも少ないはずだと。それから?

水無田 たしかに旧来のポルノ市場ベースで考えると、圧倒的に男性対象の商品が多いです。でも、マニア消費市場は女性のほうが多いんですね。たとえば長い歴史と伝統のある宝塚歌劇団のヅカファンとか、ジャニーズのアイドルに入れ込むジャニオタ、ビジュアル系バンドの追っかけ、Jリーグの追っかけなどアスリートのファンも女子が多い。

バーチャルな恋愛対象を追いかけて、日常生活に支障をきたすほどマニアックに消費するのは女性が多いんです。ライトな消費層としては、たとえばいわゆるトレンディドラマのような恋愛ドラマも、ソープオペラなども女性が対象ですよね。

ですからバーチャルな恋愛というのは元々女性市場だった。意識調査でも、架空のキャラクターに恋した経験のある人は、男性より女性のほうがずっと多い。最近、男性でもバーチャルな恋愛に浸る人たちが増えてきただけで、その歴史は浅いと考えているんです。

上野　それがどうして反論になるの？

水無田　先ほど、オス負け犬がシャレにならないという話をしましたが、それは見たくないものとして社会から目を逸らされているわけで、女性萌え消費市場に浸っている腐女子というのも同じで、やはり表立っては見られてこなかった。そのどちらにも、「喪」がつくんです。「喪《も》男《お》」と「喪《も》女《じょ》」。モテないということをキーワードにして、自分たちを自虐的に語っている。喪男、喪女はご存じですよね。

上野　ええ、知っています。では萌え市場は女が多いとして、わたしの理解する範囲では、腐女子はヘテロセクシュアルで、結婚願望が高く、かつ事実上婚姻率が高いそうですが。

水無田　高いかどうかは、統計的にはわからないんです。というのも、狭義の意味での腐女子というのは、いわゆるBL（ボーイズラブ）などに浸っている人たちを意味します。以前は「やおい」（＊1）と言っていました。アメリカでは「スラッシュフィクション」（＊2）が流行ったのが、だいたい70年代くらいです。日本の場合は77年くらいから。たとえば栗本薫さんが美少年小説を書いたり、マンガ家の萩尾望都さんが男性同士の性愛を描いたりしたことが源流になっている。オタクのようなマニアックな人間消費が出てくるよりちょっと早く、女性のマニア

＊1 男性同性愛を描いたマンガや小説、さらにそのファンのこと。
＊2 性的関係にある二人の登場人物をスラッシュ「／」でつないだのでこの名がある。

向けマンガや商品が出てきたと思っています。

上野　わたしが知りたいのは、二次元消費をやると実際の婚姻行動を避けるようになるという因果関係が成り立っていないということの証明です。

水無田　成り立っていないということが、言いたかったんです。男性の「萌え消費」市場の影響は一般に考えられているよりは小さく、対照的に女性は大きい。さらに、女性は萌え消費行動と現実の婚姻行動は、完全に「別腹」です。男女ともに、因果関係は成立しません。

上野　そうですよね。成り立っていない。BLの元祖、栗本薫さん自身が既婚者だし、ヘテロセクシュアルでしたから。

水無田　つまり、バーチャルゲイ嗜好者なんですよね。でもいわゆるLGBT（＊）な嗜好性が本人のセクシュアリティにあるかというと、それとはまた別問題なんですよね。

上野　わたしはバーチャルゲイだとすら思わない。

水無田　そうですか。

上野　ええ。美少年カップルは男装した異性愛者だと思っているから。だって受けと攻めがあることが、もうはっきりそうだもの。だから彼女たちは、自分のヘテロセクシュアリティを少年愛に偽装して文化消費しているのだと思っているのよ。あれはホモの対《つい》ではなくヘテロの対です。しかも腐女子のカップリング妄想の中で、対幻想はかえって高まっているでしょう。

＊レズビアン（女性同性愛者）、ゲイ（男性同性愛者）、バイセクシュアル（両性愛者）、トランスジェンダー（性同一性をふくむ性別越境者）の人々を意味する頭文字。

物語消費はいつの時代もあった

上野　バーチャルな文化消費が増えたから結婚が減ったという見方を、あなたはいまの説明で否定した。結論は同じですが、わたしの説明は違います。

たとえメディアが口承から印刷メディアへ、そしてネットに変わったとしても、物語消費、文化消費のない社会というのは存在しません。こうした社会では、文化消費というのは「予期的学習」なんです。

人はなぜ恋愛できるか。人は誰かと何かの関係になったときに、なぜこれを恋だと思えるかというと、それは、恋とは何かを予期的に学習しているからです。これは、わたしが物語を読んですでに知っている恋というものに違いないというふうに解釈装置が働くわけ。そういうものが存在しない社会なんてありえない。文化消費が急に増えたり減ったりするわけではないんです。

水無田　なるほど。物語消費的なものは、歴史を通じていつでもどこでもあったと。

上野　もう一つの理由は、風俗とか遊廓とか赤線のような性産業における性の消費がありますね。そういうものと婚姻行動が逆相関した歴史もまったくないからです。男は一方で婚姻しながら、一方で風俗にも行っている。性の消費があることは婚姻率が低下することの説明変数にまったくならない、というのがわたしの解釈です。江戸には単身男性が多かったから遊廓が発達したと言われていますが、原因と結果はその逆ではありません。

水無田　つまりそういったものは常に別次元のものとして、現実と並走してきているということですね。アイドルなどに入れ込んでいる、あるいはアニメの女子に入れ揚げているから結婚しない、恋愛しないというのは、完全に誤読であると。

上野　そう。そうでない社会は存在しないからです。

水無田　先ほどの排除された人たちのことですが、両方ともモテ市場から排除されていますよね、男性オタクも女性オタクも。非モテ属性を自認しているような彼らは、非モテ属性同士で対話ができるのか。それはミスマッチなんでしょうか。

上野　最大のミスマッチです。それどころかお互いに避け合いたい相手でしょう。

水無田　でも、半径3メートル以内の話ですけれども、一緒に同人を書いていて、付き合うようになったカップルを何組か知っていますが、それは例外なんですか。

上野　それはバーチャルとリアルを分離して考えているからでしょう。それはそれ、これはこれっていうふうに。それだって昔から歌舞伎役者のあとを追いかけるとか、そんなアイドル消費は山のようにありますよ。それができるのも、夫の財力があればこそ、というように。

水無田　そうするとアイドル消費というのは、恋愛結婚関連、いわゆる家族関連行動とも併存をしうるし、もっと言うと恋愛離れ、結婚離れ、少子化などの理由にもなんにもなっていないと。

上野　なっていないと思いますよ。江戸時代、廓《くるわ》遊びや色子（男娼）買いとかをやっていても、だからといって結婚しないわけではありませんし、結婚したからと言ってやめるわけでもありませんし。

オス負け犬の強大な「負け感」

水無田　なるほど。いまのような文化消費の観点から、萌え消費と家族関連行動は別腹だというのは、納得です。それとは別個に、オス負け犬の話を少し伺いたいのですが、端的に言って、どういう人たちがオス負け犬になるリスクが高いんですか。

上野　データから言えばミもフタもありません。低学歴、低経済階層、非正規雇用者です。過疎地、長男、家業後継者という説もあります。

水無田　酒井順子さんは、30歳以上、子なし、未婚はどんなにおカネを稼いでいても、社会的にいいポジションにいても、負け犬とおっしゃいました。オス負け犬も同じように、どんなにいい仕事をしていても、お金持ちでも、社会的地位が高くても、30過ぎて結婚せず、子どもがいないと負け犬という定義でよろしいですか。

上野　誰もそんなふうに定義した人がいない。オス負け犬を問題化した人がいないので、定義もありません。

水無田　ああ。確かに問題にならないですね。浅見光彦みたいなものですね。内田康夫の推理小説シリーズの主人公・浅見光彦は名家の次男坊で、イケメンで、独身。

でもオス負け犬のほうが、生涯未婚率の跳ね上がり方を見ても、身の回りのケアの問題とかを考えても、今後問題は深刻化しますよね。

上野　結婚が選択性を高めれば高めるほど、結婚は業績主義と結びつきます。結婚は業績主義的に男のわかりやすいランクオーダーになっています。非モテというのは、女よりも男の場合のほうがものすごく負け感がこんでいるわけでしょう。

男の病は、モテればすべて解決!?

水無田　ついに死刑判決が出た加藤智大。2008年に秋葉原通り魔事件を起こした加藤が、自分は顔が悪い、モテないという属性を裁判で徹底的にアピールしたのは、彼のアイデンティティの中に、それだけ自分が疎外されているということを端的な形で多くの人に訴えたかったからですね。

上野　その疎外というは、何からの疎外かということね。社会的な疎外を訴えただけじゃなくて、女からの疎外を訴えましたよね。

水無田　そうですね。

上野　男らしさを支えるのが女による承認だというベタな考え方が、彼の中にあるということじゃないですか。女からの承認さえあれば、すべてのマイナスカードを全部逆転勝利できたはずだと。ありとあらゆる社会からの疎外を、女による承認で逆転できると思っている。ならば女による承認を努力して得ているかというと、一切、何の努力もしていない。男であるというだけで、女からの承認を得る資格が自分にあるはずだと思い込んでるのね。

水無田　なるほど。男であるというだけで……。

上野　これが男という病です。

水無田　男であると一つ、必ず指定席があると。なるほど、そこまで深いんですかね、いまの男性の病理は。

上野　そこまで深いと思います。そこまで深いから逆に問題にならない、問題にできないんだと思う。

水無田　加藤容疑者がネットで調べてアーミーナイフを買いに行きましたよね。そのときの店員さんが女の子でかわいかったらしいんです。それを見て一瞬、ちょっと思い止まったみたいなんですが、結局犯行に及んだ。

上野　その妄想の中でのシナリオは、このかわいい女の子は、僕を受け入れて、承認を与えてくれるはずだとなっているんですね。

水無田　そこで殺人に走らずに、店員さんを口説けば良かったのになって思いましたが。

上野　そんな都合のいい女がいるわけないでしょう。

水無田　おっしゃるとおりです。また、彼に気になった女性に声をかけて仲良くなれるようなコミュニケーションスキルがあれば、そもそも女性にそこまで過度な恨みを抱かずに済んだと思います。

上野　その種の都合の良さというか、自己中的な妄想が男という病気の症候の一つです。何一つ努力をしないでも、男というだけで承認を得られるはずだと思ってしまう。女が好きなんじゃないんです。自分を承認してくれる女が好きなんです。男であるがために、女が必要なんです。

水無田　それって、女性の非モテとはだいぶ違うように思います。

上野　まったく非対称だと思いますよ。男らしさの核にあるのは、自分が女でないということと、女でないから女を自分の所有にできるということ。女を所有できるということは、女から承認を受けたということになる。

二村ヒトシくんというAV監督がいて、彼の本の解説とか書いたりして、仲良しなんですが、彼が、セックスができるかどうかは、相手の女からの承認があるかどうかということなんだと大変わかりやすいことを書いている。だって気持ち悪い男に股なんか開けない。つまりセックスを女がやらせてくれるということは、自分が気持ち悪くない男であることの証明なんだって。その女は誰でもいいのよ、はっきり言って。

男らしさの証明のために女への依存を必要とするのが、男のアキレス腱です。そして女に依存していることにルサンチマンを持つからこそ、ミソジニー（女性嫌悪）が生まれます。まして女が依存させてくれないとなれば、もっと深いミソジニーを抱くでしょう。

男の場合、カネと権力があれば女はついてくる

水無田　女性の非モテの場合は、どういう疎外感になるんですか。

上野　それは「男に選ばれない女」という社会的なスティグマですね。社会的だけじゃなくて、アイデンティティにも関わってくる。仮に社会的なアチーブメント（業績）や承認をいくら得られても、男から選ばれないというだけで、女であることの欠陥品というスティグマを一生涯

捺される。酒井順子さんもそう言っていますね。

水無田　社会に出てくると、今度は逆に、女扱いされるのが、むしろある意味ではスティグマになります。女のくせにと。一方で、男性よりも高い社会的なポジションや年収を得てしまうと、恋愛結婚市場ではむしろ弱者になってしまう。プライベートな場では女として見られないことも起こりがちです、酒井順子さんが奇しくも自虐的に指摘したように、スティグマになってしまう。二重抑圧があるわけです。

男性の場合は、社会的な地位があって、そこそこ稼いでおカネもあって、社会的地位がある程度あったら、女性がいても、いなくても、問題にはされない。でも、その実、内側にはものすごい闇があるというような解釈でよろしいんでしょうか。

上野　あまりそうは思わない。女の尺度は二元尺度ですが、男の尺度は一元尺度なので。つまり男性集団の中のペッキングオーダー（序列）がすべてを決定しますから。

水無田　男性の間で、どっちが上か下かの序列ですか。

上野　そう。それが男性のアイデンティティにとって最も決定的だから。加藤の場合には、そのペッキングオーダーの最ボトムにいるわけでしょう。その最ボトムにいても、その最ボトムのマイナスカードを全部逆転必勝してくれるのが、女からの承認だと。こういうロジックなんじゃない？

だから、たとえばペッキングオーダートップにいるスティーブ・ジョブズみたいな男が、女から承認されないことが自分にとって最大の問題だと思うわけがない。ジョブズみたいな男を承認しない女はこの世にいない。女は必ずついてくる。ホリエモンは、その点では正しい。女はカネと権力についてくる。どんな男かによらない。そういう男は男らしさの証明を女に依存しなくてすむので、結婚できないのではなく結婚しないのだと解釈されるし、ゲイでもかまわない。

水無田　なるほど。それでおじさんたちが、あまりにもあからさまに同類嫌悪でホリエモンをバッシングしたわけですね。

上野　まあ、それはまた別な理由だと思うけど。

水無田　彼女がいない。ただそれだけで、人生終了というのが加藤智大だったわけですが。

上野　だからそれはボトムにいる人が言うセリフ。トップにいる人は、そんなことは言わない。だから男の社会のほうがわかりやすく、わかりやすい分だけ救いがないと思う。

水無田　いまの説明が一番わかりやすかったです。なるほど。

上野　女の世界は最初から二重基準でできていて、社会的承認と異性による承認が二つセットになっている。昔は異性による承認一本だったのに、それがいま、二元化してきている。一方だけでは十分ではないんですね。

水無田　しかもある程度稼げる女性のほうが、アッパー層の男性からすると、むしろ同類婚の相手になってきていまね。

上野　それでもなお、エリート同業カップルの結婚の中では、明らかに夫に対して、妻のほうが譲っていますよ。弁護士同士、医者同士、全部そう。

水無田　そうですね。妻のほうが時間に都合をつけて、家庭のことをしていますよね。

上野　その逆はほとんどありません。

男たちは、モテない言い訳ができなくなった

水無田　女性のモテない問題は、その意味ではずっと女性の古典的な問題。

上野　とてもクラシック。

水無田　では、現代美術みたいなものが、いまの男のモテない問題ですか。

上野　うーん…、現代美術という比喩は、あまり当たっていないわね。つまりすべての男が結婚できる時代だったら、この問題は成り立たなかったわけですよね。

水無田　でもそれは歴史的には、第一章で話したように特異な時期のことですよね。

上野　それを、身分や階級で正当化できればよかったわけです。どうせオレは三男坊で部屋住

みだからって思えれば。すべての男が平等に恋愛の市場に立たされているので、その中で恋愛はカネと権力による見えやすい業績主義となっています。だから男の非モテは、女に負けたのみならず、女に負ける以前に男の中で負けているんです。それなら怒りを強い男に向ければいいのに、もっと弱いほうに向けている。

水無田　なるほど。車で秋葉原に突っ込んでみたり。幼い児童を襲ってみたり。

上野　本当にそうね。逆ギレなんですよ。

水無田　最近、小さい子どもを狙ったような無差別殺人事件が目につきます。ああいうのが起きるたびに、本当に心臓がえぐられそうな気がします。

上野　親としては、本当にそうですね。怖いですね。

水無田　あれは、１００％自己責任であるモテないということが理由……。

上野　いや、それを逆に言えば、昔結婚できたのは自己責任だったのかといえば、そんなことないですよ。

水無田　確かに昔の結婚は家と家同士のＭ＆Ａだったので、自分のせいではないんですよね。それと、もし不良品だった場合には仲人にクレームをつけて返品することもできた。いまは、それができないんですね。返品がきかないんです、基本的には。

上野　それを森永卓郎さんは「結婚と恋愛の自由市場化」と言っています。自由市場だと、男の間の業績主義が、もっと顕著に目に見えるようになります。だからもっと救いがなくなる。

水無田　男性は非モテになってしまうと、女性からの疎外ということは、意識しているものだけれど、同時にそれが暗喩するような男性社会からの疎外ということでもあって、二重の疎外が苛んでいるということですね。

上野　もちろんだと思います。

男から降りれば楽になる

水無田　そこから男性が解脱するには、どうしたらいいんですか。全男性に向けて、上野千鶴子さんが男性の解脱について語ったら、すごくおもしろいと思うんですが。

上野　男はカネと権力に弱く、女はカネと権力のある男に弱いから、カネと権力をゲットするべく、まず努力する。これが男の生きる正道です（笑）。

水無田　コンネルのいう「覇権的男性性（ヘゲモニック・マスキュリニティー）」ですね。構造的な問題としてそれを獲得できない人が、あまりにも増えている。どうすればいいんでしょう。

上野　はい。二つめは、欲望そのものをクーリングダウン（冷却）する。

水無田　それは草食男子とか、嫌消費みたいな形で、現にある程度、欲望の沸点は低下していますよね。

上野　だから、そうすればいいじゃないですか。「非モテですが、それが何か?」っていう戦略ですね。

水無田　それができる、まさにある程度解脱した人だったらいいのですが、なんらかの形で八つ当たり対象を見つけては当たる人たちは、どうやって鎮魂すればいいのでしょうか。

上野　男から降りられないからですよ。

水無田　男から降りればいいと。

上野　うん。降りればいい。

水無田　以前から上野さんはそう言われていますね。しかし、現実的にはすごく難しいと、男性はそう思っている。

上野　じゃあ非モテの女はどうすればいいか。非モテの女は、二重基準の中で生きていますから、二重基準を生きようと思ったら股裂きになりますよね。二重基準を一重基準にするためには、どちらか一つを捨てたらいいんですよ。捨てたら、もっとラクになる。「非モテですが、それが何か?」っていう戦略は、女の側にあるんです。それが、昔からある「おばさん化」という戦略です。

水無田　それで、かつてオバタリアンが怖がられていたんですね。

上野　そうね。男の顔色を見なくなった女たちは、男にとってモンスターだから。わたしは、フェミニズムは「おばさん化戦略」だったと思っているんですけど、どうでしょうか。おばさんって、楽しいわねえ。

水無田　なるほど。わたしも、最近よくおばさんになるの楽しいねっていう話を、友人として盛り上がっています。

上野　それなら、ちゃんと答は出ているじゃないですか。「フェミはおばさん化戦略」というのは由緒正しい、歴史のある戦略なので。それに対応する男の戦略が、「男から降りる」ですよ。

水無田　非モテの男は降りればいいというのは、すごく明確なまとめですが、降りたら人生終了だと思っている人たちも、相当数いるんですよね。

上野　少数派だけど、それを運動の形で表したのが、「だめ連」（＊）ですね。

水無田　ああ、でも「だめ連」は中身を見るとそれほどダメじゃなかあった。今、渋谷で「バレンタインデー粉砕デモ」をやっている革命的非モテ同盟の人たちもいますよね。あの人たち、昔のだめ連よりダメなんですけど、言っていることはおもしろいです。

上野　だめ連はおもしろいことを言っていましたよ。「ダメですが、それが何か？」「童貞歴34年ですが、それが何か？」。じゃあ、だめ連は社会を変革する運動ができるだろうかと訊いたら、

＊神長恒一が友人たちと結成。自分のだめさかげんを否定せず、自由に生きる方法を模索している。

「できません。なぜなら、ダメだから」という答えが返ってきました（笑）。

フェミニズムは不都合な真実を炙りだしてきた

水無田　ダメでも生きていくのは可能だけれども、男にダメであることを、ある意味では許さない社会、そうした習俗が行き渡った社会の中で、「それが何か？」と生き続ける勇気はどこから湧かせばいいんでしょうか。

上野　わたしはね、いまの問いをあなたが口にするのは許すけれど、男が口にするのは許さない。なぜかというと、女であることの苦しさからわたしたちはどうやって逃れたらいいのかと真剣に格闘してきて、その代価も払いながらフェミニズムというものをつくってきたからです。その勇気をどこから得たらいいか、他人に、わけても男に尋ねたりなんかしなかった。男が苦しいなら、「おまえが勝手にやれ」という答えしかない。なんでわたしたちが教えてやらなきゃいけないのよ、それしか答えはない。

水無田　うーん。たぶん男子学生にそれを言うと、ヘコんじゃうんですよね。

上野　ははは。女はやってきたんだから。

水無田　女子の置かれた厳しいサバイバル市場については、この間岡崎京子展の「戦場のガールズ・ライフ」を見てきたところで、いかにこの「戦場（フラットフィールド）」で女子が戦ってきたのかですね。

上野　だよね。女子は戦ってきましたよ。

水無田　アメリカのSF作家ウィリアム・ギブスンの詩「in the flat field」。平坦な場。この一見平和に見える平坦な場で生き残るというのはどういうことなんだろうという詩なのですが、これを岡崎京子さんが『リバーズ・エッジ』（宝島社、1994年）という名作マンガの中に挿んでいるんですね。大変な傑作です。でもそういう現実を見せる女が悪いと、逆恨みする男子が後を絶たないんですね。

上野　それも不都合な真実を見たくない、聞きたくない、考えたくない、否認という男らしさの症候群ですね。

水無田　見たくないから、言っている対象を消せ、ないしは出てくるなっていう人たちが増え続けるというのは、すごく不幸ですよ。

上野　増え続けているかどうかはわかりません。ただ、目に見える化が起きたのでしょう。昔から否認は起きていたけれど、ITのおかげでその声があなたのところにアクセス可能になっただけ。増えたかどうかは、わたしにはわかりません。戦争中のことを思えば、敵艦隊を洋上に見たくないとか、敗北を認めたくないとかのもっと深刻な否認がいっぱいですから。

いま、あなたが平坦な戦場でと言ったように、わたしは「リブ」というのは、日常を戦場に変えた運動だと思っています。

水無田　それがリブのせいだと思っているんです、男性のほうはね。

上野　うん、それでいいですよ、正しいから。なぜか。リブが最初にそれを言語化したから。

水無田　なるほど。問題があったのを言語化したわけですけれども、言語化した当人たちが批判されてしまう。

上野　そういった短絡はいつだって起きています。家族の危機を指摘すると、家族破壊者だって言われてしまう。実は家族はとっくに壊れています。家族が壊れていると「不都合な真実」を口にした人が、家族破壊者と誤認される。そういう状況は、ずっとあるじゃないですか。

水無田　上野さんは、繰り返し批判にさらされてきたので、有名な方は大変だなと思っていたら、おかげさまで最近、わたしのところにも批判がくるようになりました。変わってないと思いますね。テンプレなんですよ。わたしが高校生くらいのときに、上野さんが批判されたのと同じことを言ってくるんですよ。

上野　あまりに情けなくない？　悲しすぎるね。

水無田　情けないですね。なんていうのか、認識の構図が変わってないんですね。ちょっとその古さにびっくりしてしまったりすることが、去年から本当に増えました。

第五章

非婚時代のセクシュアリティ

男にとって便利な女の出現

水無田　セクシュアリティの話を、もう少しさせてください。すれっからしと腐女子問題です。雨宮まみさんの『女子をこじらせて』（ポット出版、２０１１年）という一時話題になった本が文庫（幻冬舎文庫、２０１５年）になって、上野さんが解説を書かれています。この解説がすごくおもしろい。

上野　雨宮さんに指名されて書きました。文庫版解説のタイトルは「こじらせ女子の当事者研究」。けっこう力が入って、長いのを書きました。

水無田　「男をあなどって、男の性欲をその程度の陋劣なものとみなし、そのことによって男の卑小さや愚かさに寛大になるという訳知りおばさんの戦略」というのは、握るペンで自分も血を流しているような文章です。ここがやっぱり上野さんの、わたしがすごく好きなところなんです。きっちり自分も痛みながら書ける文章。フェミニスト上野千鶴子。「男なんてそんなもんよ戦略」ですね。「下ネタには下ネタで返す技を身につけ、男の下心だらけのアプローチをかわしたり、いなしたりというテクを、大人の女の知恵として若い娘にも勧めるという、そんな遣手《やりて》ババアのような存在に自分がなっていたかもしれない」、と。

でもこれは男にとって、すごく都合がいいんだということを、自ら吐露されている。「男の欲望の磁場に取り込まれて、カリカリしたり、傷ついたりしないでやりすごすために、感受性のセンサーの閾値をうんと上げて、鈍感さで自分をガードする生存戦略である」と。

必要に迫られて一時期、レディース・コミックの女性像を調査分類したことがありますが、二股をかけられる女性が多いんですね。好きな男に、自分よりちょっと若くて、いいところのお嬢さんで、当然バージンでみたいな女と結婚するんだと告げられて、へぇとか言いながら普通の顔をしてやりすごすヒロイン像です。

不倫で傷ついた、アラサーくらいの都会のＯＬの心を慰撫するために書かれたレディコミのヒロイン像を、この一文で思い出しました。

傷つかないフリをするために、自らの鈍感力を鍛え上げるっていうのは、逆に言うと男性の鈍感力を容認する包容力みたいなもので、すごく男前なんですね。

上野　そう、そのとおり。男にとって便利な女。

水無田　いわゆる女性週刊誌は、ある意味では女のエロ本と呼ばれますね。女性週刊誌に掲載されているような、ちょっとエロの入ったマンガは以前からあって、どちらかというと主婦の欲望を慰撫するためのものだったんですが。それが、少女マンガ世代がそのまま社会に出ていった女性たちを慰撫するようなものに変わっていったのはいつごろだったのか。それが知りたいと思ったのです。働く女性が都合のいい女になってもだえている。そんなテーマが、女性マンガに出てきたのはいつだろうって。膨大すぎて、途中でやめてしまいましたが、もう一回、検証する気になりました。

上野　それ、ちょっと興味がありますね。それは男女雇用機会均等法と何か関係あります？

水無田　たぶん関係あるんじゃないかと。そのあたりを分析したかったのです。80年代後半以降に、どうも女性の棲み分けが新たな形で再編されたのではないか。要するに都心にいてわけ知り顔で、すれっからしで、男性の欲望にあえて自分も鈍感力を鍛えて応じるような種類の女性が出てくる。あるいは、これはもう少し調べてみないとわかりませんが、本命彼女になるためにはどうするか、みたいな。

　不倫や、二股かけられているのがあたりまえみたいな記事が多くなったのが80年代後半くらいだったような気がするんです。

上野　いまの話をちょうど反対側から裏付けるような観察があるわ。均等法と関係があると直観的に思ったのは、不倫が女の稼得能力と確実に関係があるから。

　80年代のバブル時の援助交際とか愛人ブームは、男の甲斐性の表現だったのですが、あのあたりから、カネのかからない愛人が出てきたの。

水無田　はい。そのとおりです。自分でもある程度自立、自活しているので、要は囲い者にしなくても愛人が持てるようになった。

上野　そうなの。だから男にとって非常に都合のいい時代。男の甲斐性や経済力の表現じゃないような愛人が登場してきた。自前で暮らして、どうかすればホテルの費用も持ってしまうような女たちが出てきた。だからそれは女の経済力と切っても切れない関係がある。カネがかからないばかりか、妻の座もねらわないような女。だから男の側にしてみればメンテナンスコストがかからない理想の愛人。

その中に、あなたが言ったとおりの、男側のダブルスタンダードがありましたね。キミは恋人にはいいが、妻にはしたくないとか、その逆とかね。妻は退屈な女だが、そのほうがいい。でも刺激が足りないから、キミがいいんだみたいな。このダブルスタンダードを上手に使う男たちに、逆に利用される都合のいい女たちね。

水無田　酒井順子さんの『負け犬の遠吠え』（講談社、２００３年）でも、チラッとですけれども、不倫ダメみたいなことを書いています。逆に言うと、酒井さんみたいに自立して、なおかつそういう派手なメディア業界で働いている女性は、どうも不倫相手としては、非常においしい感じになってしまうわけですよね。

上野　そうなの。おカネがなくたって、愛人ができるんだから。妻に全部財布を握られていても、なんとかなる。

水無田　雨宮さんの本は単行本で買って読んだのですが、それなりに稼いでいるがとくに資金力があるわけではない女が、あえて積極的にAV監督の恋人になろうとする。そのときのジレンマみたいなものが、とても的確に表現されていた。上野さんの解説がまたすごい。「感受性のセンサーの閾値をうんと上げて、鈍感さで自分をガードする生存戦略であり、男の振る舞いに騒ぎ立てる女は、無知で無粋なカマトトっていう戦略」。

上野　自分の書いた文章を目の前で読み上げられるとは夢にも思わなかったけど、うまいこと書いているねえ。わかりやすいよね。

水無田　ええ。わかりやすいですね。でもそのツケがしっかりきた。感受性は使わなければ錆びつく。そうした男にとって便利な女になっていく。結局、男性の側の認識とか、女性の使い分けが変わらないままにはびこる。

　でも一方で、奥さんがいることを知っていて、男の欲望に応じ、トラブルを起こさない愛人と、ハメ撮りをしていることを知っていて、うまくいっている奥さんと……、なんだかすごく端的なことが書かれているんですが。

上野　よくある妻と愛人の共謀ですね。男のダブルスタンダードに応じる二種類の違う女たちの共犯関係。トクするのはいつも男ばかり。

水無田　いつも思うのですが、男抜きでなんとか仲良くすることはできないんですか、これは。

上野　そういう例もあります。うんと大金持ちの妻と愛人の関係とかね。お葬式のときに手を取り合って泣いたとか、財産を上手に分けたとか、いろいろあるわ。男に心身ともにものすごく大きなキャパがあれば、平和共存をやっている例はありますよ。

水無田　結局、男のキャパ次第なんですか？

上野　それを女が許容しているってこと。完全な自己中なんだけど自己中を通すだけの資力と包容力があって、それを女たちが許容するというのはレアケースだけど、ありますよ。なかなか、いないけど。軍事主義とジェンダーの研究者、シンシア・エンローが書いていたけれど、軍人の留守宅の妻が、基地売春のセックス・ワーカーと仲良くするのは難しいでしょう。

水無田　ということは、やっぱりレアケース。幸運な偶然が重ならないと難しいということですか。

上野　うーん、慣習や制度もあるから、単なる偶然とは言えないだろうけれど。昔からポリガミー（一夫多妻制）の中で妻たちがお互い仲良くするというのは、男の一種の理想郷だからね。できる男もいないわけではない。

資力は愛人を持つ必要条件ではなくなった

水無田　初婚・再婚のそれぞれの男女の組み合わせを見ていると、だいたい1万6000件くらい、男の再婚のほうが多い。そうすると、実質的に一夫多妻制化してきているとも言えるんでしょうか。

上野　データをみれば、女もポリガマス（一対一の関係ではなく複数人との性的関係を志向すること）になっていますよ。セックスサーベイ（性行動の実態調査）はいくつもチェックしているから聞いてください。性交の相手が生涯にたった一人という人たちは、男女ともに減っています。

水無田　そうですね。ヘテロセクシュアル・モノガミー（異性愛者同士の一夫一婦制）な結婚のあり方が揺らいでいる。

上野　それと、略奪婚を狙わない女たちが出てきたから。ナンバー2とかナンバー3に甘んじる。むしろ、いいとこ取りという考え方があるからね。一番つまらなくて、面倒なところは本妻に委ねて、おいしいところだけをもらう。

水無田　それは、本妻は面倒くさいです。嫁姑問題、子どもの教育問題、果ては墓問題まで…

……。

上野　そういう選択をする女たちも出てきた。でもそんな妻も愛人も、ともに男に都合のいい女という点では変わりないけどね。

水無田　なるほど。男はなにもしないで……。

上野　いや、マメ男ですよ、そういう男は。マメじゃないとそんな面倒な関係は維持できません。

水無田　なるほど。男性のほうが、むしろモテ格差は明らかに広がっている。生涯付き合った人、結婚までに付き合った人数とかも、男性のほうが明らかに広がっていたりするので。

上野　そう。それはやっぱりカネのかからない愛人を持つ甲斐性というのは、かつてのように財布の厚さじゃない。コミュ力とか、セックスにマメとか、別な能力だからね。

水無田　でもいまは、性豪的価値観というのは縮小していませんか？

上野　それはないけれども、たとえばセックスだって相性とかがあるから。ダブル不倫だったら、夫とはまったく経験できないセックスができるとかね。そのことと結婚生活を継続することが、まったく矛盾しない女たちも出てきていますね。

90年代の初めの投稿誌『わいふ』のセックス調査で、わたしはビックリしたんですが、既婚女性の婚外セックスの経験率が40代で15％。しかも、すごく立ち入ったことを聞いているんですが、夫以外の恋人がいるときに、夫とのセックスができたかを訊かれて、3分の1の回答者がOKと言ってるの。

水無田　男性はどうなんですか？

上野　男性は全然OKでしょう。

水無田　聞くまでもないですか。

上野　あとの3分の1くらいは、すでに夫とはセックスレスになっていた。残りの3分の1は、恋人ができたら、夫には触られるのもイヤになったと。女は愛がなければセックスできないとか、同時にふたりの男は愛せないとかさんざん言われてきたけど、セクシュアリティというのは身体化された感覚ですが、それすらこんなふうに変わってきているという感じはありましたね。そこまでつっこんで尋ねたセックス調査は、なかなかありません。

水無田　ついでに言うと、そうやってすれっからし戦略が取れる女性は、10代のころのわたしからすると、こう言ってはなんですけど、実際の現実（リアル）の生活が充実している「リア充系」に見えたんですね。

上野　あなたが10代だったときっていつ？

水無田　どっぷり80年代です。私は上野さんや詩人の伊藤比呂美さんを愛読していましたが、自分の実人生は腐女子系にあたるので、雲の上の人たちのお話だと思っていました。山田詠美さんが80年代半ばに出てきて、今年こそ芥川賞を取ると騒がれていた頃も、すごい人だなあって思っていましたし。辛酸なめ子さんが言うところの「セレビッチ」。セレブでビッチという感じです。

上野　はいはい。なるほど、そう言われると、わかります。わたしが周りの女からすごく嫌われたのは、わたしがいつも「男に不自由したことありません」って言い放っていたからです（笑）。

水無田　ああ、やっぱり上野さんはリア充なんですよ！（笑）

日本の女の大半は、ヘテロセクシュアルですらない？

上野　わたしがこれを言う根拠の一つが、かねて深い疑念があって、日本の女の大半は、ヘテロセクシュアルですらないのではないかと、ずっと思ってきたからなのよ。わたしが「男に不自由したことがない」のは、いつも男を調達してきたから。男が自分に必要だと自覚していたからこそです。努力しなければ調達なんてできないでしょう？

水無田　わかります。

上野　ということはね、結婚も出産もしているけれども、慣習にしたがって結婚し、慣習にしたがって出産をする女たちがあまりに多いと思うから。別に愛がなくたってセックスしたら子どもが生まれる。彼女たちは自分のセクシュアリティというものを本当は自覚したことすらないのではないかとかねがね疑っていたからです。

水無田　無自覚ですか、なるほど。わたしは正直面倒くさい派なので、〝喪〟に寄っているんですが、とくに不満もありません。でも、そもそもベルトコンベアに乗った工業製品みたいに慣習に従って結婚したのかというと、それも疑問です。そもそも、この国で浸透しているジェンダー規範にものすごい違和感があって。うちは母方が六代続いた女系家族で、嫡男がほとんどいない家族。入り婿してくると、だいたい30歳くらいでポックリいってしまう。我が家は女子帝国なんですね。いるのは、母に祖母に姉妹に、婆やさんや女中さん。確かにコンベンション（習慣、因襲）として結婚し、本家は婿をとって子どもを産ませる。

農家ですから、それなりに生産力もあるし、現金収入もある。力仕事から、電気の配線関係まで、全部女がやってしまい、男はコンベンションとしているだけ。そうすると、やることがないせいか、早めに死んでしまう。子どもが3人くらいできると男が死ぬ家なんですよ。

上野　ああ、役割を終えると死ぬ、みたいな。

水無田　はい。カマキリのオスみたいですよ。

上野　本当ね。シャケかと思ったけど。

水無田　シャケにも近いですが、シャケは男女とも死ぬ。すごく女性同士の絆が自然に強い。

上野　いまそれを聞いて思ったのは、女性のジェンダー社会化（＊）について。女性の性的同一性の形成の契機に、どうやら二つのルートがありそうだと気づいたのね。

一つは異性愛的な文化のもとでのジェンダー同一性の形成、つまり「男によって女になる」回路。もう一つは、性別隔離的な男女別学文化の中での同性集団への同一化という回路。同性集団への同一化という回路があれば、異性はいらない。女が女になるのに男はいらないのよ。

水無田　ああ、なるほど。

上野　比較文化論的に言うと、日本はジェンダー・セグリゲーション（性別隔離）のすごく強い社会なんです。カップル・カルチャーそのものが、実は歴史的に非常に新しいものなのね。性別隔離の強い文化、一番極端なのはイスラムですが、それが強い社会のほうが世界的にはすごく多いわけです。

同性集団への性的同一化を果たした女たちが、どうしてヘテロセクシュアルでないかというと、セクシュアリティというのは性的欲望と結びついているのよね。つまり彼女たちがヘテロセクシュアルですらないというのは、男に対して性的欲望を持ったことがないからではないかと。それ以前に性的欲望の主体にもなったこともなければ、自分の性欲を自覚したこともないのでは、と。

水無田　直感的ですが、西洋的な意味での異性愛カップル文化の洗礼を、きっちりと受けるこ

＊「女らしさ」を身につけていく社会化のプロセス。

とがない。

上野　ないと思う。いまの小学校や中学校の子どもたちの仲間集団の形成を見ていても、日本の性別隔離文化は連綿と受け継がれていると思います。今年2015年の春に起きた上村遼太君の惨殺事件を見ても、あの10代の男の子たちにホモソーシャルな集団文化がずうっと生きていることがわかる。女の子は女の子で、小学校の高学年あたりから性別集団に分化していく。その同性集団のなかで、男子も女子もジェンダー同一性を形成していくんでしょうね。いまもデート文化は日本に定着していませんし、まったく変わっていないと思いましたね。むしろ男女を異性愛カップルに追いこんでいく規範のほうが、よほどの文化装置や強制力を持たないかぎり、うまく機能しないのじゃないかと思う。

デートマニュアル『ホットドッグ・プレス』

水無田　そうですね。むしろ元に戻ってしまった感じですね。1979年に若者向けの情報誌『ホットドッグ・プレス』が講談社から発刊されて、デートマニュアル本がムック化されたのが80年代です。でも結局、バブルの崩壊と同時に、デート消費文化も消えていったような感じです。

上野　そうですか。一時期、アメリカ化でカップル・カルチャーを学習しようとしたが、その化けの皮がはがれて、元に戻ったと。

水無田　はい。はがれました。なぜかというと、70年代後半くらいの若者は、その上の世代、自分の親世代が、男女の行動規範としてまるで役に立たなかったからでしょうね。

上野　結局、みんな、付け焼き刃だったのね。カップル・カルチャーに入っていったはずの男女は、結婚後、きれいに性別隔離集団の中に分化されちゃったしね。彼らを果たしてヘテロセクシュアルと呼んでよいのか、ということね。

水無田　そこまで根源的に言うと、非常に難しい日本文化論になってきますね。でもそれは確かに一つ視点としておもしろい。

上野　ですから、セクシュアリティを論じるときに、結婚している、出産しているというのが論じるための条件とはまったく思えず、この人たちはセクシュアリティなんて考えたことも、感じたこともないのではないかと疑うことが、実感としてしばしばありました。

水無田　なるほど。たとえば配偶者やそれ以外の相手との間に生じるディストレス（苦悩、苦痛）をどう癒していくか、ケアするかというと、既婚者同士の場合、男性は妻にしか癒してもらえないのですが、妻のほうには実に多様なソーシャル・キャピタル（人間関係資本、社交資本）がある。同性同士や、あるいは自分の実家の母にグチれば、だいたい済んじゃうんですね。

上野　そうそう。だいたい同性集団がリソース（資源）になっているでしょう。

水無田　はい。そうすると自分が妻にしかグチれないのに、妻のほうは夫がわかってくれないと、簡単に実家に帰ってリフレッシュしてきたり、あるいはいわゆる女子会を開いて、それでリフレッシュして帰ってきたりする。でも夫のほうはそれがわからないから、余計に不機嫌になるという構造があるんですね。

上野　そのときの夫婦関係というのは、完全にメンタルなマネジメントの上での話で、セックスとはなんの関係もないですよ。もう一つ言えば、セックスは単なる習慣的生活行為ですから。わたしは「クセのもん」と呼んでいます（笑）。

水無田　習慣的生活行為（笑）。歯磨きするみたいなものですか。

上野　そう。生活習慣。その生活習慣のある人と、ない人がいるだけという話で。

水無田　そうだとすると、結局、男性にも女性にも、性愛への夢というか、恋愛への夢みたいなものは、あまり語れないですよね。

上野　だから、ロマンチックラブ・イデオロギーは一過性で定着しなかったのかもしれない。この話は腐女子からつながっていますが、腐女子はヘテロセクシュアルですらないのではないかというわたしの疑念を裏付けるためのさまざまな傍証でした（笑）。

セクマイに読まれる『おひとりさま』

上野　最近はわたしの『おひとりさまの老後』は、セクマイ（セクシュアル・マイノリティ）系の人にずいぶん読まれているようです。だって子どもをつくらない、再生産しない、家族をつくらないという点では、おひとりさまもセクマイも、老後の運命は同じですからね。

水無田　フーコーの言っていたような、同性愛者という人格にすべてが帰着して、主体があるというようなあり方が、日本ではおひとりさまが圧倒的に増加して、高齢化が進むという現状では、逆に雲散霧消している。

上野　何が言いたいかというと、ヘテロセクシュアリティというと、セクシュアリティの問題に聞こえますが、それをヘテロノーマティビティ（異性愛を標準と捉える価値観）というと、単なる社会規範の問題になる。

そうすると、皆が結婚していたのは、一体なんで？　ということになりますが、ヘテロセクシュアルだったからというのは、間違った答えです。実は単にヘテロノーマティビティという社会規範があって、そのヘテロノーマティビティを支えていたのは、男が女なしで暮らせず、女が男なしで暮らせなかったという社会経済状況がインフラとしてあったから。だから、いったんその基盤が崩れてしまえば、ヘテロノーマティビティが維持できる根拠はなくなってしまう。だとしたら、こういうヘテロノーマティビティも、存外もろく簡単に壊れるものだというのが、わたしの見方です。

水無田　いや、現実にかなり壊れてきていますよね。

上野　だから、隠れゲイが偽装結婚したように、いまもし腐女子が偽装結婚しているとしたら、彼女たちがもし、男に経済的に依存したり、社会的にパッシング（やり過ごし）するために妻という地位を獲得する理由がなくなれば、彼女たちは結婚する理由もなくなるでしょう。結果、おひとりさま一族が増えるだけですよね。

オックスフォード英語辞典に「HIKIKOMORI」

上野　どうして日本にこんなに「引きこもり」が多いのかというと、はっきりしていて、養う親、とくに母親がいるからですよ。それは中産階級だから成り立っていることで、そうじゃなかったら家から出された若年失業者が増えるだけでしょう。

水無田「引きこもり」はいま、オックスフォード英語辞典に「HIKIKOMORI」で登録されているそうです。日本の特殊事例だったのが、近年、アメリカやイタリア、とくにヨーロッパで増えてきたそうです。

上野　イタリアは多いと言われていますね。増えてきたというけれど、顕在化しただけだと思う。近代になって子どもが成人になるまでの期間、世帯分離をするまでの期間が長期化する傾向がありますが、不況とも非常に深い関係があって、あの個人主義のフランスでも、不況以降成人子の親との同居期間の長期化が見られるようになったといいます。でもそれは、親に扶養力があるから。扶養力がない親だったら、子どもは引きこもりなんてできないもの。

水無田　10年ほど前に、イタリアで「1000ユーロ世代」という小説がヒットして、映画化もされたはずです。

上野　1カ月1000ユーロで暮らす。1000ユーロは約12万円ですね。

水無田　そうです。それなりにいい大学を出て社会に出る。向こうは新卒一括採用ではないので、ゆるーく勤めながらテニュア（終身在職権）の職になっていく。でも、いつまで経っても給料が上がらなくて、1000ユーロ止まり。だから学生時代からの友達と部屋をシェアして暮らす。

上野　日本と似ていますね。

水無田　はい。イタリアは母性が強くて、マンミズモ（母子癒着）（＊）で子どもが成人しても家にいるイメージが強いのですが、意外にそうではない。親元にいられない友達同士2、3

＊母親に対する崇拝、帰属意識。

人で部屋をシェアするんですね。週末になると、大型ショッピングセンターで大量に缶詰を買い込んできたりしている。海外にプレゼンに行ったりして、けっこう会社の命運を担う仕事をやっているにもかかわらず、全然出世できない。そういう悲哀を淡々と描いた映画です。

上野　世界史的にはいくつも説明要因があります。一つは、離家圧力が日本より遥かに強いから。二つめには住宅問題。住宅問題はセックス問題なんです。親の家にいる間はセックスできない。これは大きい要因だと思いますよ。三つめには、労働力の柔軟化。世界的な趨勢です。

水無田　なるほど。オーソドックスな説明ですね。ただ第一章で話したように、日本の場合はラブホテルという大きな存在がある。

上野　そう。だから家にいられる。

水無田　郊外住まいなどで、実家からずっと出られず、派遣就労をやっているような男女は、だいたいどこのラブホテルが安いとかは知っていて、下手をするとクーポン券を持っていたりする。

上野　そう。われわれの時代にも京大周辺のラブホテルには学割がありました。学生証を見せると安くしてくれる。

水無田　匿名なのがいいところなのに……？

上野　だって受付で見せるだけですから。

水無田　そうすると、セックスをめぐる本音と建前というか、制度と実態の乖離がゆるく容認されていて、それがあたりまえだったのが日本ですか。

上野　いやいや、あの時代は、やっぱり性革命の時代でした。性行動の変化は早いですね。性のように身体化された規範というものも、目の前で変わっていきます。

水無田　だから逆に、異常なほど処女にこだわり非処女を非難する「処女厨《しょじょちゅう》」の男性が増えているんじゃないですか。そういった男たちが顕在化しているというか、そういう人たちが語るようになっただけですかね。

上野　妄想の域じゃないですか。ないから求める。レアだから。

水無田　レア。うーん……。

上野　ごく最近の青少年の性行動調査だと、初交体験年齢がやや上昇しています。なにかありますね。ここ30年くらい、一貫して初交年齢が低下傾向だったのが、これが変わった。わずかな変化ですけれど。でも低年齢化の前に、歴史的にはまず高年齢化が起きています。前近代の初交年齢はもっと早くて、13～14歳くらいですね。娘宿と若者宿（＊）の時代です。

水無田　日本が農業社会だからということもあったのでしょうか。たとえばイギリスの場合、中世から産業革命期くらいまでは、メイドやサーバントが商工業者の家に住みついて、そこのファミリーとして登録されるのが一般的でした。産業革命前後の頃には、男女ともに召使の間

＊江戸時代、若者たちが男同士、女同士で集まり、村落に伝承された芸能を学んだり、性についての知識を身につけたりした場。

は結婚できない。いまの学生結婚みたいなものですから。

上野　それはテリー・イーグルトンが『クラリッサの凌辱』（岩波書店、1999年）で論じています。使用人は結婚はできなくてもセックスの対象になる。

水無田　20代半ばになってから結婚というのが、あたりまえだったそうですね。

上野　使用人のセクシュアリティは雇い主のもの。雇い主や雇い主の息子が手を出して、純情で愚直な娘が妊娠してしまうと破滅ですが、うまく妻になると上がりというのが使用人のサクセスストーリー。エドワード・ショーターが、トーマス・ハーディの小説『テス』（1891年）について論じています。農村から娘が奉公にやってくる。農村の性規範と、ヴィクトリア朝時代の中産階級のヒポクリット（偽善者）たちの規範は二重基準で違う。性関係を持ってしまった女が、婚前妊娠は非常にタブー視されていたから、村に帰ってひどい目にあうというストーリーです。

ショーターは社会史学者でもあるんですが、婚外子出生率には波があると言っています。波の変化は、性規範の変化のときに現れ、その規範の変化の過程で、農村と都市、農民と中産階級の異なる規範の接触があったと説明しています。

水無田　なるほど。ショーターの「感情革命（＊）」もそうですが、すべてその規範も地域ごとに違うというか。

＊感情が家族を結びつける絆となったのが近代の家族であり、それを「感情革命」と名づけた。

上野　フーコーの言う「われら、ビクトリアン」ですね。ビクトリア朝時代に都市の中産階級に「妻か娼婦か」の性の二重基準ができあがったとき、様々な悲喜劇を生んだと説明していま す。それ以前はイギリスでも、農村の若い男女が結婚前に藁小屋の中で一緒に添い寝をする、日本の夜這いと非常によく似たカルチャーがあったといいます。

水無田　なるほど。日本の場合でも農業国としての要素が非常に濃厚な時期が長く続いた。

上野　そうです。

水無田　しかも工業化のスピードが早すぎて、地域社会の解体と、都市部への人口流入と、産業構成の変化が高速で同時進行したのが、高度成長期です。繰り返しますが、この時期に成立した男性片働きで妻子を養うという「サラリーマンと専業主婦」モデルの歴史は浅い。一皮めくれば、農村社会の特質がぼろっと出てくるんですね。その矛盾の代償として、女性の重い家庭責任や長時間の家事育児など無償労働が必要とされている。

ソーシャル・キャピタルのある子とない子

上野　宮台真司さんが、全国テレクラの比較研究をやって、一番ショックを受けたのが、青森駅前のテレクラで主婦の値段と女子高生の値段が一緒だったことだと。

水無田　読みました。1万5000円だという……。

上野　そう。東京では3万円する女子高校生の値段が主婦と同じ1万5000円に収斂していた。10代の女子高生に付加価値がついていなかった。女子高生の付加価値はどこで発生するかというと、首都圏限定だと論じています。

水無田　青森あたりだと、公立校ですら圧倒的に男女格差がある。そもそも進学校は男の子を多く取るそうです。だからそういう学校にいる女の子たちは、相対的にアッパー層、中流層以上です。宮台さんがサンプリングしている女の子たちとは明らかに階層が違う。同じ地域にいても見えないものがあり、しかも大事なことが見えていない。

上野　偏差値で輪切りされていますからね。それから、10代の妊娠中絶率のワースト1の常連は高知県。

水無田　高知県って、そうなんですか。高知県は女性就労率が高く、女性の社会進出が盛んといいますが。

上野　社会進出というよりも、元々農村型だから、女性の労働力率が高い。

水無田　管理職率も高いですよね。

上野　勤続年数が長いんでしょう。性交経験年齢も早く、中絶率も高い。日本にはセクシュアリティの近代を経験していない地方がたくさんありますね。

水無田　それは思いました。たとえば水俣のチッソの問題ですが、水銀が体に悪いということはわかっていても、海からのくだされものとして食べなければいけないという思想から食べていたんだという説明もありましたね。石牟礼道子さんのご著作の中で。

上野　そういう意味づけが民俗語彙の中にあるということですね。

水無田　なかなか翻訳できないですね。

上野　そういう言説資源がその地域では、利用可能な資源だったということですね。その点で言うと、あなたがさっき言った「元に戻っただけ」というのは、そのとおりじゃないですか。

水無田　元に戻ると、結局、農村社会なんですね。要するに盆踊りを踊った後、集団で乱交パーティをするような、そういう世界に戻ってしまうのでしょうか。

上野　ムラと言っていいかどうかわからないけれど、ある種の世間というか、共同体が前提されているということでしょう。最近は、『地方にこもる若者たち』(阿部真大著、朝日新書、2013年)が増えているといいますね。東京に憧れない、地元から出て行かない、一生地元にいて、地元つながりの中学・高校の仲間たちとまったり過ごす。そういう島宇宙的な世界を持ったローカル・ヤンキーたちが出てきたそうです。

水無田　マイルド・ヤンキーですか。

上野　マイルド・ヤンキーと言うんですか？　ジモティともいうようですが。各地に発生しているそうです。

水無田　いわゆる「プア充」と言われる人たちですね。『最貧困女子』（幻冬舎新書、2014年）を書いたルポライターの鈴木大介さんと話したのですが、彼らプア充は、「イツメン」と言われるいつものメンバーとつるんで、まったりやっている。

おカネはなくても、地元の人間関係、ソーシャル・キャピタルが潤沢という意味では、マイルド・ヤンキーはヤンキーの中のエリートなんですね。ただそうでない子もいて、ウザがられたり、コミュニケーション能力が低かったり、実家で暮らせなかったり、あるいは親が本当に貧困で蒸発してしまったり、借金取りがくるので逃げるように東京に出てきたりというような子は、本当に救いようがないんですね。

上野　それはそうだと思いますよ。そういうソーシャル・キャピタルを持っている人と、そこから排除される人がいますから。

水無田　ソーシャル・キャピタルがあって、なおかつ大きなショッピングモールみたいなものがあると、東京に出てくる必要は確かにないですけど、一皮むけば、その村社会の中で村八分にされ、うっとうしがられ、ウザがられてしまうキャラ特性になると、もうどこにも行くところがなくなるんですね。

上野　鈴木大介さんの本にちゃんと書いてありました。経済水準がほぼ同じでも、ソーシャル・

キャピタルがあるとないで、生活満足度が全然違うと。それはそのとおりだと思います。それは老後のおひとりさまも同じです。

離婚の損得勘定

水無田　そうするとソーシャル・キャピタルのない層の人たちはどうすればいいのか。『シングルマザーの貧困』を書いていて本当に思ったのは、60年代くらいまではまだ家制度が形骸化しつつも残っていたので、男性が子どもを引き取っているケースが多かった。つまり、姑に子どもを取られる母の図。母親が会いに行くと、会いにくるなという裁判を起こされる。家を出たんだから子どもに会うのは許さないみたいな判例が出たりしていたんです。

それが、70年代、80年代になってくると、協議離婚が圧倒的に多いということもあるんですが、日常的な養育者は母親なので、母親が親権を取るようになります。繰り返しますが、子連れ離婚は、その多くが「家族の父捨て」で、家族によるケアを失うと、男性は圧倒的に社会的孤立リスクが高まる。自殺リスクも孤独死リスクも高まりますし、離別後男性の平均余命は婚姻継続している男性よりもずっと短くなります。

そんなこともあってか、自民党の議員は、離婚は家族を壊すからいかんとか、今度は離婚率を下げる方向にしようとかと言い始めました。

上野　最近政府が、三世代同居を優遇するって言い出しました。いまさらできっこないのに。ムチャクチャねえ。

水無田　ムチャクチャです。そういうところから、個人主義と法律の乖離を本当に考えないといけないのですが。

上野　離婚時親権帰属のデータを見ると、50年代から60年代にかけて、完全に逆転しているのね。夫方から妻方に行っている。わたしは、それが離婚の抑止力を下げたと思っている。それ以前は離婚即子別れだったのが、子別れを意味しなくなったから。

水無田　そうですよね。子どもさえ取れれば夫はいらない、になってきた。それは女性が稼げるようになったからだとか、自分で食べていけるようになったからだとか、女が生意気になったからだとか、誤解だらけの説がいっぱいあるのですが、そうじゃないんですね。子ども中心ということは変わらないわけです。

上野　そう。カネがあってもなくても、子どもを取ったら別れる。妻の経済力もだけれど、やっぱり妻方の親のインフラの影響は大きいと思いますよ。

水無田　親が、不幸な結婚生活なら、続けなくてもいいと言うようになってきたからでしょうか。

上野　そんな上等なもんじゃないと思う。娘を取り戻せるから。
水無田　介護資源にもなりますし。
上野　そう。親の側でも功利的な動機だと思います。
水無田　なるほど。子どもへの愛情と打算が入り交じった選択、でしょうか。

男の「甘えの構造」とは？

上野　ここまでの話の中で思ったのは、日本には異性愛カップルが異性愛として安定できるようなモデルがなかったということ。あったのは、父―娘モデルか、兄妹―姉弟モデルか、もう一つは母―息子モデル。異性愛カップルが親族関係に擬制される複数の文化資源の中で、古代には「妹背の仲」という兄妹―姉弟モデルだったのが、家父長制が強化されて年齢差の大きい結婚になると妻の庇護者としての父―娘モデルになる。日本型近代家族は母―息子モデルを採用しました。

それが典型的に出てくるのが、江藤淳の評論『成熟と喪失』（河出書房新社、1967年）（＊1）です。妻を母にし、夫を「もう一人の息子」にすることで、島尾敏雄の小説『死の棘』（新潮社、1977年）（＊2）のような核家族化の中の夫婦関係というまことに不定形で不安定な

＊1 戦後日本の小説をとおして、母子密着型の日本文化を分析した。
＊2 島尾敏雄の代表作。夫の浮気をきっかけに狂っていく妻との日常を描く。

関係を、親族関係のメタファーで安定させた。だから日本の妻の一番典型的なセリフが「うちにもう一人駄々っ子の息子がいると思えばいいのよ」。それが、妻たちの生存戦略だったのでしょう。

水無田　それは、山ほど聞かされましたね。「夫を母のように甘えさせてあげる妻」称揚言説ですか。

上野　まったく同じセリフをマンガ家の安野モヨコさんが言っていました。マンガ『毎日かあさん』の西原理恵子さんもそうだと思う。お二人ともわたしより若いのに、夫婦関係のパターンはとっても古典的。さっさと肝っ玉母さんになって、外ではいっぱしの社会人をやっているけれども、家に帰れば生活無能力者同然の駄々っ子の夫を、「もう一人の息子」として世話するというパターンです。

水無田　西原さんの、あの亡くなったカメラマンの夫のお話は、賛否両論です。あそこまで書くかと。

上野　それを言ったら、小説家の柳美里はどうなるのよ。私小説マンガだろうが、私小説作家だろうが、作家に許されることがマンガ家に許されない理由はないでしょう。

水無田　逆に、それで転がされてくれる夫ならいいんですけれど、転がされない夫は西原さんの夫のように、ああいうふうな形で病んでいってしまう可能性があるのかなと。そこまで包み隠さず書いてるのはすごいことですが。

それはそれとして日本の場合、とくに妻に母の役割を求めるというのがありますね。甘えを求め、女性の側も喜んでそれを受け入れましょうみたいな言説が、1950年代には多く見られました。男性のほうもふんぞりかえって、甘えさせろっていう言説が本当に多くて。読んでいると気持ち悪くなるんですが。

上野　それにイデオロギー的な備給をしたのが精神科医の土居健郎が書いた『「甘え」の構造』（弘文堂、1971年）（＊1）ですね。それに対して実に見事な反論をしたのが、エイミー・ボロヴォイというアメリカ人の文化人類学者で、『「甘え」の構造』のジェンダー分析をやりました。土居さんの本は甘える側からしか書かれていません。甘え合いの相互性なんて、実は存在していない。甘えの関係は完全に非対称的で、一方的に甘えられる側については何一つ触れていない。この共依存関係はアルコール依存症の共依存カップルと同じだと。それが日本の尽くす妻の病理を生み出しているという、実に見事な日本文化論でしたよ。

土居健郎の『「甘え」の構造』は、中根千枝の『タテ社会の人間関係』（講談社現代新書、1967年）（＊2）と並んで、日本文化論の初学者向けのテクストだったんです。これを読めば日本がわかる、みたいな。誰も批判しなかったんですね。

水無田　高校の国語の時間に読まされたような記憶がありますね。

＊1「甘え」は日本人特有の感情だと説いたベストセラー。
＊2 日本はタテの組織で動く社会で、能力が基本の西欧とは異なると説いた。

上野　『「甘え」の構造』は、甘えられるほう、つまり女については、まったく論じていません。

水無田　背景にあるのは、戦後の民主化ということもあるんですが、敗戦トラウマもあったのかな。「外で傷ついた男を癒してくれないと、次に立ち向かう力が出ない」と三浦朱門が言っていました。

上野　それもあるでしょう。が、それより根が深いのは、男たちがもはや家父長になれなくなったということ。だって家父長として戦って敗北したんですから。

水無田　なるほど。根源には敗戦による家父長権の失墜があった。

上野　そう。だから癒しを求める前に敗者になった自分を受け容れなくてはならない。総力戦というのは、軍事戦、経済戦、人口戦、それに精神戦の集合なんです。だから総力戦に負けるということは、精神戦においても負けたということ。ついに神風は吹かなかった。神は日本に味方しなかったということは、モラルにおいて負けた。父というのは、モラルの体現者ですから、それは父の敗北なんですよ。だから戦後、父になれない男たちを論じた江藤淳が出てくる。息子のまま生きのびるという戦略もあったのでしょうが、あの世代は父になろうとして無惨に失敗しました。

90年代の男たちがハマった癒し系アイドル

水無田　90年代の半ばに、先ほど出た安野モヨコさんの夫の庵野秀明監督の『エヴァンゲリオン』が流行り、同時に癒し系アイドルもすごく流行ったのは、単純に経済的な敗戦というような世相と関係があるんでしょうか。

上野　90年代の癒し系メディアのことですか。

水無田　はい。母胎回帰であるとか、癒し系とか、すごく流行りましたよね。CMは見ていらっしゃらないと思うんですが。

上野　わたしは敗戦直後の男たちについての説明変数は持っていますが、90年代の男についてはあなたが解釈してくださいな。

水無田　総力戦で負けたというほどの壮大な物語ではないんですよね。

上野　あの戦争は、それはもう完敗ですから。

水無田　なるほど。90年代半ばの男たちに完敗というほどの意識はない。でも、95年というのはすごくエポックメイキングな年ではありましたね。

上野　はい、だと思います。大震災とオウム事件です。

水無田　年明け早々に阪神淡路大震災が起き、3月には地下鉄サリン事件が起きました。

上野　あのあたりから、近代主義パラダイムが通用しなくなったんです。宗教の世俗化論が通用しないとか。オウム真理教は神秘主義と終末論でしたから。

水無田　近代主義パラダイムが通用しなくなったその時期に、どうして女性の癒しがむしろ強調されたりするようになり、援交が流行ったりしたのか。すごく分裂した気風を感じるんですが。

上野　その癒しは誰が誰に求めたの？

水無田　90年代は、いわゆるモーレツサラリーマン的な男の人に対して、缶コーヒーのCMがブームになったのを皮切りに、癒し系アイドルブームが起きたんです。飯島直子や本上まなみなどが癒し系のアイドル。「癒し系」という言葉自体が流行ったのも、その時期ですね。

上野　マンガ家、田房永子（＊）の『男しか行けない場所に女が行ってきました』（イースト・プレス、2015年）にある「AKB論」が、すごくおもしろいんです。「あれは少女の格好をしているけれど、男に無限の癒しを与えるおばさん集団です」と。男が何をしても許容してくれるフトコロの深いおばさんたちが、女子校生のカッコして跳んだりはねたりしてる、そりゃ男の子には受けるでしょうって。

＊『母がしんどい』で毒親との決別を描いて話題のマンガ家。

ロールモデルでなくなった父親

上野　男が覇権主義にイヤ気がさした頃から、日本の父親が、息子たちのロールモデル（規範、手本）でなくなってきたような気がします。

水無田　ああ、なるほど。

上野　オヤジのようにはなりたくないと、息子にとってオヤジが反面教師になってきた。そのオヤジたちというのは、ほぼ団塊の世代に当たります。

水無田　でもそれは日本型の覇権的男性性が沈没していった過程ですよね。

上野　そう。だから、経済的な敗戦と言えばその通り。

水無田　でも経済的な敗戦と、一言で言ってしまったんですが、なんか文化的な転換点もすごく大きかったのかな。

上野　経済と文化は連動しますから。

水無田　経済が先に立ちますね。とくに上野さん的なスタンスだと。

上野　80年代頃から「社畜」という言葉が出てきて、社畜が男のロールモデルではなくなっていく。「男らしさ」の見返りがワリに合わなくなっていくと、男から降りようとする若者たちも登場します。ただ、本当にそうなのかどうかが、よくわかんないのよ。不況になって、椅子取りゲームの椅子がどんなに少なくなったとしても、あなたの言う覇権的男性性の再生産は、どこかできっちり行われてるような気もする。

そうなると競争に参入する男たちが厳選され、そうでない男の子たちが排除され、負け組たちには負け組向けの居場所が用意されるだけ。そのようなセグメンテーション（細分化）とコンパートメンタライゼーション（区画分け）が起きているだけのことかもしれない。これをわたしたちはざっくり、身分社会と言うけれど、そうなっている可能性もあります。異なる身分の集団が混じり合わず、劣位の者が上位の者をうらやまなくなる、という「分をわきまえた」社会のことね。

水無田　そうすると、そういった中で勝ち残れる男の子たちはごく少数のエリートになりますね。かつては、仕事をして、おカネさえある程度あればよかったのが、いまはモテ資源が豊富にあり、コミュニケーションスキルもないと厳しくなっていますから。

上野　そうでなくても、男の婚姻率と年収はきれいに相関している。カネがあれば女は寄ってくるというセオリーどおり。たいしてモテ資源がなくてもね。

水無田　まあ、それはそうですね。でもホリエモンは、それを正直に言ってしまったがゆえにバッシングされましたね。当の男性から。

上野　はい。女はカネについてくると言いましたからね。『鈍感力』（集英社、2007年）の渡辺淳一は、「あなたに女がつくんじゃなくて、あなたの財布に女がついてくるだけでしょう」と言われたのに対して、「財布の厚さも男の魅力のうち」と言い放ちました。

水無田　有名ですね。でもある意味、わかりやすくて好感が持てます。

上野　はい、わかりやすいです。

水無田　多くの男性は、モヤッとしたものを抱えながら、その正体が何であるのかに気づかず、それを言っている当の相手を憎むというだけの反応を示しますから。

逆に、女性も覇権的男性性に加担するような言説を発する男性にも、それに寄り添って共犯関係を築くのですね。イケメンが好きとか、年収はいくら以上とか。この間、タレントの道端アンジェリカが、「結婚相手の年収は絶対5000万円はないとダメ」と言って、すごくバッシングされました。

上野　覇権的な男性に対するよりも、覇権的な男を好きな女へのバッシングのほうが強いと思う。叩きやすいほうにいくのでしょう。

水無田　そうです。だからその共犯関係を築こうとするときに、年収いくら以上がいいとか、イケメンじゃなきゃ絶対イヤだとかいう女子は、男性以上にバッシングされる。特に年収ですね。イケメンは、定義があいまいですが、年収は数値がある。数値がはっきりしているものに反応は大きいです。

上野　それだけじゃなくて、イケメンだったら持って生まれた資源だから言い訳ができるけれど、年収は「努力しなかったお前」というスティグマがつくからでしょう。

水無田　なるほど。キツいですね、それは。

上野　男は業績主義をとことん内面化していますから。

水無田　それで年収コンプレックスは、本当に大きいわけですね。女性の場合は、自分の年収について、そこまでの侮辱感を覚えないんでしょうね。

上野　まだその手の覇権主義が女の間にないんでしょう。女は覇権ゲームの中に十全な参入を許されていませんから。これから先はわかりませんが。

第六章

非婚時代をどう生きるか

日本は結婚と出産が分離していない社会

水無田　最後にうかがっておきたいお話がいくつかあります。世代間ギャップの話など、もう少し突き詰めたいと思います。ここまでのわたしたちの話を20代や30前後の独り者が読んだら、やっぱり結婚しないほうがいいなと思ってしまう。それでは、孤立リスクが高まるばかりです。独身のままでも孤立リスクが高まらないようにするにはどうしたらいいのか。

上野　そのへんはわたしが、『おひとりさまの老後』に書いたとおりです。シングルであることと孤立していることとは同じではありません。シングルであっても「人持ち」であればいいんです。そのためのノウハウもスキルもありますから、学べばいいんです。わたしの知るかぎりでは「おひとりさま」歴の長いひとほど、人持ちの努力をしていますね。かえって家族持ちのほうが、家族がいなくなったらこの人たちはどうするんだろう、と心配になるくらいです。

ここまでの話の流れだと、社会的な圧力と社会経済的な要請がなくなれば、ヘテロセクシュアルですらない日本の男女には結婚する動機付けがなくて、婚姻率はどんどん下がる。それは自然なことで、別になんの問題もないと言ってしまえばいいのだけど、再生産はどうなるのかという問題は残ります。妊娠、出産も個別の男女の個人的な選択ですから、子どもが減ってもそれが何か？　と言ってしまうこともできますが。

子どもを生むということで言えば、最近諸外国では結婚と出産が分離してきました。日本では分離していない。その点では、先進諸国と比べて日本は特殊な社会ですね。結婚と出産が日本でも分離していけば、結婚が減ってもどうということはない。ですが、出産が減ると、その社会は再生産できません。つまり、異性とつがいたい、家族をつくりたいという欲望がなくても、親になりたいという欲望は、これから後も続くだろうか。これが問いです。

水無田　子どもを持ちたいかというと、恐らく多くの人は持ちたいと思うのではないでしょうか。未婚男女であっても、既婚男女であっても。

上野　そこのところ、教えてください。わたしはそういう動機を持ったことがないので、どういう欲望か、よくわからない。日本人はどうして箸を使うんですかといった疑問と同じくらい素朴な、異文化に対する質問です。本当にわたし、その欲望がわからないんです。どういう欲望なの？　本能でしょう、なんて言わないでね。

水無田　わたしの場合、あえて言えば、誰かともう一回、親子をやってみたかった。早めに母親を亡くしたので。単純にわたしに関して言えば、それが一番大きかったように思います。産むのが常識ということよりも。前にも言いましたが、わたしはパラレルワールドが100通りあったら、80通りはまあ結婚していないし、99は子どもを産んでいない人間なんですよ。明らかに負け犬テイストの人間で、それは本当に自覚しています。

上野　ふふふ。じゃあまかり間違って親になったのね。

水無田　ここにいるわたしは、すごいレアケースで出会ったと思っていただけると、すごくありがたいんですが。

上野　じゃあ運命なのね。あなたは運命の人と出会ったんですか。

水無田　運命の子どもですかね。くり返しになりますが、結婚した動機というのが、そもそも非常勤講師同士ですから、結婚したほうが経済的に得なのではないかという結論になって、夫に説得されて、ああ、そうかと思って、それがすごく合理的に思えたんです。

上野　それは出産の理由になりませんよね。

水無田　はい。結婚はした。ただ結婚したからといって、出産するのは経済的に非合理です。そろそろ出産がタイムリミットになって、わたしが妊娠したのは36歳ですが、さすがに子どもがほしいかどうかという話になった。いろんな要素を考えましたが、わたしは母親をいきなり交通事故で亡くしたので、親子関係に思い残しがあったというのが大きいと思います。

なぜ人は子どもがほしいと思うのか？

上野　水無田さんの例はユニークケースだろうと思いますが、社会学者として考えたとき、出産がいまでもマジョリティ（多数派）の選択なのはどうしてでしょう？　しかも産めない人たちまで努力して妊活をやっていますね。

水無田　はい。社会的圧力や社会経済的な背景を取り除いて、なおかつ産みたいと思う人がいるかどうかということですね。

上野　出産も欲望ではなく、単なる慣習動機なのでしょうか。慣習という理由からでも人はいくらでも親になれますから。それだけのことなのか、それ以上のものなのか。欲望で説明しようと思ったら、わたしはその欲望が理解できない。わたしを宇宙人だと思ってください。

水無田　わたしも半ば宇宙人が子どもを産んだ感じですから、説明は困難です。私自身、心の底から子どもが大好き、いい家庭をつくりたいというタイプではまったくないので。ただ産んだ以上は、ちゃんとやらなきゃなと思って。

上野　幸か不幸か、いまは「子どもをつくる」と言うように、出産が選択肢のひとつになってしまいました。少子化を憂えている人たちにとっては、子どもはつくるべきもののようですが、強制されて産むわけにもいかない。

もし「日本民族」や「日本社会」が再生産されなければならないとしたら、婚姻率が減っても、出生率が上がればなんの問題もないわけです。だからわれわれの話すテーマは結婚でなくて、出産というテーマでもよかったんです。日本社会の再生産を望む人にとってはね。日本社会の再生産のもう一つのオプションに人口の自然増ではなく社会増、つまり移民の増加がありますが、少子化を憂うる人たちの間には、そのオプションは目に入らないようですね。あくまで日本民族を残したいのでしょう。

水無田 わたしの周りにも、不妊治療をしてまで産むような人たちがけっこういるようになりました。わたしくらいの年齢層で、なおかつ学歴もある程度高いような人たちです。

上野 彼らにその理由を直接聞いてはどうですか。わたしは自分が生殖年齢のときに、産んだ女たちに聞いて回りましたよ、「なんで産んだの?」と。「結婚したら産むものだと思ったから」とか「夫に頼まれたから」とか、あまり説得力のある理由はありませんでした。

水無田 ある程度経済的にも優遇されているし、わりとリベラルな夫がいるようなタイプや、バツイチというような人たちが、なんで子どもをほしいと思うのか考えると、漏れ聞こえてくるのは、子どもを産まないと、なんだか自分の人生が補完されない気がするという意見です。

上野 それはわかりやすいよね。女性性というものを完成させるための最後のミッシングピースが子どもというピースで、このピースがはまらないと、日本では一人前の女とは決して認められない。それは、「負け犬」のわたしが差別を受けて経験していることなので、理解できます。それなら欲望というより、社会規範ですね。

水無田　でも、あるシングルマザーの女性デザイナーが言っていました。自分は一代で死ぬけれども、子どもに自分の思想なり生き方を引き継がせて、持続する爆弾を社会に投げつけたかったから子どもを産んだと。

上野　子どもにとっては、迷惑ですねえ。

水無田　一子相伝みたいな感じですね。仮にこのまま競争社会が激化して、かつ「女性の社会進出」も進みつつ、選択的未婚の母が社会的に容認されれば、彼女のような勝ち組シングル女性が法律婚の外でも再生産することが増えるでしょう。かつては男性が社会的成功のシンボルとして、若く美しい妻をめとる「トロフィーワイフ」が言われましたが、このケースは「トロフィーチャイルド」でしょうか。

上野　その人、子どもは別人格だと思っていないんだ。問題ですよ、それ。それは大企業のオーナー経営者が、自分の跡取りがほしいというのと、何が違うのよ。

水無田　かつての男性的な欲望を女性が持つようになったら……ということですね。

結婚が減り出産が減るのは当然の帰結

上野　まあ、そんなたいそうなことを言わなくたって、自分の生命が有限で、その有限なものを未来につなぐための、次の種がほしいという欲望は自然でしょうという説は、昔からありました。

水無田　でも自然という言葉は、わたしは使いたくないんですよね。

上野　自然という表現を使わなくたって、有限な生命を、無限とは言わないまでも、有限を超えるものにつなぐという欲望や希望は、男女を問わずあるでしょう。

水無田　自分の有限さに対して、先駆的覚悟性を持つのが人間の本来性だと、ハイデガーが言っていましたね。それに対して、女性の場合は無限なものと有限なものをつないでいく、出産によってつなぐべきであるというところにからめ取られてしまう。

上野　どうなんでしょう。女性はほんとうにそういう実存的な問いから発して、妊娠したり出産しているのでしょうか。

水無田　社会的圧力と社会経済的な要請を全部さっ引いたら、実存になりますよ。

上野　もしそうでなければ、日本の女のマジョリティは、慣習で結婚し、慣習で母になっているだけだと。

水無田　そうです。だからいろんなプレッシャーや社会環境要因を乗り越えられる女性といったらそれは超人なんで、超人的発想で産みますよね。

上野　もしそうだとすると、社会的慣習が弱体化すれば、当然結婚も出産も減るようになりますよね。

水無田　当然ですね。

上野　じゃあ当然のことが起きているんだから、これは抵抗しようがないので受け入れましょうというのが結論じゃない？

産まないエゴイズムは、産むエゴイズムに負ける

水無田　どうしても子どもを増やしたければ、結婚と出産を分けなきゃいけない。というか、分けても当然ではないかと思うのですが。

上野　いや、簡単。どうしても人口を増やしたければ輸入するんですよ。

水無田　移民ですね。

上野　そうです。輸入すればいいんですよ。

水無田　年間30万〜60万人程度を入れたほうがいいとか、入れないと間に合わないとか議論されています。

上野　「移民1000万人時代」と言われています。

水無田　はい。民主党政権になる前に、自民党は「1000万人計画」と言っていました。でもいまはいろいろアレルギー反応があって。

上野　そこは国粋主義だから、子宮の輸入、卵子の輸入をしていますね。

水無田　なるほど、代理母。卵子凍結を進めようと。でもどうだろう。多くの人たちがプレッシャーで産んでいて、それが楽しいチョイスではないのが問題です。

上野　本当ですね。不幸です。自分がこういう立場で言うのもなんだけど、子どものいない人生より、子どものいる人生のほうがずっと豊かだと思う。まちがいなくそう思う。喜怒哀楽の振幅も、経験の幅の豊かさも違ってきます。

子どもを産むエゴイズムと産まないエゴイズムと、どちらのエゴイズムが強いかという話を、産んだ友人としていて二人で意見が一致したのが、そりゃあ産むほうに決まっている。そりゃそうです。自分のことをつくづく思ったのは、わたしのエゴイズムのほうが、産んだ女のエゴイズムより控えめで、わたしは滅びゆく遺伝子の持ち主なんだと思いましたよ（笑）。

水無田　なるほど。すごく大雑把な言い方になりますが、この国の女性には、やっぱり産む自由がないんですね。結局、超人にならないと社会的なプレッシャーも社会的経済的な要因も不安要素も取り除けないですから。多くの人がコンベンション（慣習）で産んでいて、なおかついまもそうだとすると、結局、そういった因習や慣習、規範から自由になっている女性ってほとんどいない。

上野　ということですね。

欲望を主体的に持つなという構図

水無田　もっと言うと、残念ながら、日本の女には欲望を主体的に持つなという抑圧がある。

上野　超悲しいですね。そうすると日本の女は、欲望の主体にすらなれていない。

水無田　主体になることが、ずっと禁じ手であった結果、いわゆる新自由主義的な傾向が浸透しても、そこの中で雄々しくしのいでいける、なおかつその中で子どもを何人も産んでやっていけるような人はなかなかいない。自分を不当に解雇したら、訴訟を起こしてガンガン戦っていけるような女性というのが、残念ながら層として出てきていない。

一部のエリート層にすごい人たちがいますが、本当に女性が輝く社会ではなくて、女性がギラギラしないといけない社会を目指しているのか、と言いたいくらいに。

上野　ギラギラしないと勝てないのがアスリートの世界ですね。酒井順子が、フィギュアスケートのキム・ヨナと浅田真央を比較して、２０１０年のバンクーバー・オリンピックの対決の前に勝敗を予測したコラムを読みました。これがよくできた文章でね、「きっと真央は負けるだろう」と書いてあるの。絶対に勝つと思わないと勝てない世界に住んでいるにもかかわらず、浅田真央ちゃんほどのアスリートですら、日本の女として控えめさという美徳を身体化してしまっていると。

水無田　なるほど、そうですね。

上野　勝つ気がギラギラ表に出ているキム・ヨナと浅田真央を比べたら、これはもう勝ち負けは決まっていると。うまいこと言うなと思って感心しました。

水無田　荒川静香さんのときは、同世代の巡り合わせが良かったですよね。

上野　ライバルがいなかった。

水無田　荒川さんは、ああいうオリエンタルビューティがすごく好まれるトリノが舞台だったし。それに比べて、浅田真央とキム・ヨナは同年代、同体格。

上野　両方アジア系で。

水無田　はい。だったらギラついているほうが勝ちますよね。

上野　そう。そういうふうに書いてあって、そのとおり、予測が当たりました。

水無田 またそれをオリンピックという比較的ナショナリズムが高揚しやすい時期に、あえて書けるって、やっぱり酒井さんすごいですね。さすがマーガレット酒井。昔は、本当に理想のお姉様みたいに思っていましたから。根っこが女子文化圏にあるので、主流文化の空気に飲まれないところはさすがです。

上野 本当にうまいですよ。芸はますます磨かれています。

水無田 話を戻します。なんでこの文化圏にいて、わたしは結婚したのか。それもわからない感じですよね。

上野 あなたが説明できないことを、他人はもっと説明できませんよ。でもそういう、本人もよくわからないいやみくもな力とか、なんかそういう盲目的な動きがないと、たぶん人はもはや結婚も出産もできなくなっているかもしれませんね。

水無田 運ですよね。交通事故にあうみたいな。

上野 それは幸運なのか不運なのか、どっちにしても運なので、その運にあう人が減ってくれば、当然のように結婚も少なくなるでしょう。そうなれば日本のように婚外子差別が厳しいところでは、当然のように出産が減っていく。もしこの本のテーマが結婚であるとするならば、これはもうありとあらゆる説明が結婚も出産も減っていくという方向を向いているのだから、それをどう評価するかという問題だけが残ります。「それが何か？（What's wrong ?）」と言えば、それまで。「誰が困るの？（Who cares?）」と。

未だ言語化されていない日本の母－息子問題

水無田　上野さんのご指摘のように、団塊の世代はもう完全にディスコミュニケーションの状態が治らないという現実があります。

上野　ディスコミだから夫婦関係が継続しているんですよ。コミュニケーションを断念しなかった女たちは離婚しています。

水無田　ああ、なるほど。団塊もそうだし、わたしたちや、わたしたちの下の世代もそうですね。

上野　団塊父の多くは子どもとコミュニケーションを取ってこなかった。他方、団塊母は子どもを、とくに娘を取り込んだでしょう。取り込みと共依存。それが娘の病理に現れています。

水無田　そうですね。母－娘問題。

上野　前々から言っているのは、母－娘問題は言語化されましたが、母－息子問題はおそらく言語化されないほど根が深いということです。

水無田　日本の場合は母－息子問題のほうが重大、これは直感ですが。家族関係に特化したような性愛のあり方を見ても、おそらく一番重いですね。

上野　ただ、その言語化は女たちが外野で言うことではなくて、当事者の男性がやること。母－息子問題が母－娘問題よりもっと困難なのは、息子には「父殺し」ができても「母殺し」がけっしてできないから。娘はようやく「母が憎い」と口に出して言ってもいいようになったけど、息子は母が憎いとは決して言えないでしょうから。

水無田　なぜ言えないんでしょうね、これは。

上野　息子に聞いてください。

水無田　ケンカすると、うちの息子は「ママ大嫌い」って言いますよ。

上野　「大嫌い」は言えますよ。「大嫌い」は「大好き」の反語にすぎませんからね。親だって、そんなの真に受けてないでしょう。憎むのとは話が違います。

水無田　難しいですね。これからもうちょっと慎重に考えないといけない問題でもあります。これから思春期ですからね。

上野　詩人のねじめ正一が書いた『認知の母にキッスされ』（中央公論新社、２０１４年）を読んで、本当にげっそりしました。彼の兄弟たちが競い合うようにして熱心に、介護のために母のもとに通ったというわけ。妻にマザコンと言われながら「なんでそんなに一生懸命行くの」と。伊藤比呂美さんとの『婦人公論』の対談で、その動機を正直に吐露して、60歳過ぎた男が、

「弟と母の愛を争ってた」と言うの。笑いごとじゃないですよ。もう本当にゾッとしました。

上野　たぶんそれ、誰も笑えないですね、日本の男性は。

水無田　ねじめさんは、詩まで書いていた人だから相当自己反省の能力もある人だと思うんだけど、そういうことを書いている。正直だとは思いますが。

水無田　ゾッとするものをようやく言語化してくれた。逆に言うと、貴重な人ではありますよね。

上野　そう。たぶんほとんどの男は、それを言語化すらできないでしょうから。

水無田　むしろ、もう分離できないものとして取り込んでいますよね。

上野　女はやっとの思いで、女性学の中で、いろんな経験を言語化してきたんですよ。男がやってないことが山のようにあると思う。

水無田　自分の子どもを育てる、育てないにかかわらず、この世代の中で引き継がれていくことがら が問題なんじゃないですか。

上野　そう。時代のエートスのもとで共有されたメンタリティなんでしょう。そのメンタリティに共感を持つ男たちがいるから、たぶん彼も臆面もなく言語化するんでしょう。

水無田　小説の業界だと、ここ10年くらいのトレンドで、母娘の刺々しい部分から、深い奥のほうでのドロドロしたものを書いたものがヒットしています。たとえば角田光代さんが『八日目の蟬』（中央公論新社、2007年）で書いてた世界もそうだし、湊かなえさんもそう。

上野　それに、水村美苗の『母の遺産─新聞小説』（中央公論新社、2012年）。帯のキャッチコピーが「ママ、いったいいつになったら死んでくれるの?」。

水無田　川上未映子さんの『乳と卵』（文藝春秋、2008年）もそうです。まさに初潮と、それから豊胸手術しようという母の問題。藤野可織さんの『爪と目』（新潮社、2013年）も継母みたいな立場の父親の愛人と主人公である娘との駆け引きが描かれています。日本の文学では、男女の性愛というテーマなんて、濃い人間関係を描くときには、とっくに蚊帳の外なんです。

上野　なるほどね。

母と息子の気味の悪い倒錯

水無田　逆に言うと、選考するほうも、母─息子物という、そこまでドロドロした小説が出て来ても、もしかしたら評価しないのかと。

上野　見たくない、聞きたくないから?

水無田　芥川賞も、ようやく選考委員の男女比が近づいてきて、母─娘のドロドロしたものは出てきましたが、バイアスがあって、やっぱり母―息子のドロドロしたものは敬遠されるのでしょうか。それこそねじめ正一さんみたいに、「美しい物語」として仕上げてコーティングをしないと、出せないほど病理は深いと……。

上野 ちっとも美しくないですよ、キモチ悪いです。

水無田 気持ち悪いと思うのは、上野さんの感性ですか。

上野 わたしのような特殊な人だけがそう感じるの？

水無田 わたしも気持ち悪いと思いますが、この作品はちゃんと読んでいないので、伝聞だけで正確な批評はできません。というか、実は概要を読んで気持ちが悪くなり、絶対これには触れないようにしようと思ったくらいなんですが……でも、そこまでネガティブにお勧めならば、読みます。

上野 タイトルのつけ方からして『認知の母にキッスされ』。このエピソードが本書の中の白眉なんです。認知症の母が、「正一、正一、キッスしておくれ、キッス」って言うんだって。キスした直後に、認知症が入っているのに、取り繕うように、母親が「やだね、お前、こんなことやって。おっかさんに」みたいなことを言ってごまかす。

水無田 あははは……いま、鳥肌が立ってしまいました。

上野 でしょう。そこをタイトルに取るわけ。タイトルを決めたのが彼なのか、編集者なのかわからないけれども、あざといよね。

水無田　あざといですね。いま、わたしの頭の中で、ねじめさんの声で再現されています。でも逆に言うと、怖がらずに読んだほうがいいかもしれないですね。

上野　社会学者としては、こういう母‐息子ものが登場し、言語化され、それがこのようにウケるという現象そのものが分析に値するんじゃない？

水無田　詩人脳をいったんシャットアウトして、社会学脳だけにして読んだら、読めるかもしれないですね。

　母親物って、詩に多いんです。日本の戦後現代詩は、戦前の口語自由詩に見られるような自然への憧憬やそれに付随する抒情性を排する傾向があったのですが、「母」は別格だったのではないかと思うことがあります。たとえば吉本隆明さんですらも、詩にママンと書いてるんですね。ママンと呼びかけるのは、フランス詩の形式にわりとあるので。母と書けないから、ママンと書く。それがちょっと、なんとも言えない気持ち悪さがあって。あまり大きな声では言えないものがあるんですけれど。これはやっぱり、日本男性のママン観というのはどうなのかと。

上野　特にそれが、老母とそれにパラサイトする虐待息子との関係になると、もう本当にこの家族の闇は一体何だって、茫然自失するケースがありますね。

水無田　でもちゃんと見据えられたら、それこそ『八日目の蝉』どころじゃないですね。

上野　私が思うのは、それを言語化するのは当事者の役割だと思っているの。男自身がやるべきだと思う。

水無田　書ける男性作家、いますかね。

上野　それを考えているのよ、書ける男はおらんのかと。あんたたち、何してんだよって。読んでいないんだけど、田中慎弥の『共喰い』（集英社、2012年）は、そうなの？

水無田　『共喰い』は父と息子がメインの話ですが、ようやくですね。

上野　やっぱり人は、語れるものしか語らないのよ。母―息子ものが出てこないというのは、よっぽど語れないいんだと思う。

水無田　なるほど。これはでも、残念ながらわたしの下の世代でも、あんまり語れる人はいないですね。逆に言うと、たとえば未婚率が上がってきていることや、男性の孤立が非常に進んでいることなんかも考えると、ますます重い母―息子問題は、この後、出てくると思います。

親から分離できない子どもたち

上野　そういえば、いま、「ママ離婚」というのが増えているそうです。夫の母親が結婚後のカップルに介入して、それで破局に至る若いカップルのことをそう言うんだと湯山玲子さん（『男をこじらせる前に』角川書店、2015年）に教えてもらいました。

水無田　寺山修司みたいですね。あの人は、幼少期に母ハツと一緒に過ごせなかったのをずっと引きずっていて、その後ようやく同居するのですが、ハツのほうも寺山への執着心が強くて。寺山が九條今日子と結婚しても、修司は自分のものだという気迫がすさまじく、九條今日子は離婚します。でも、その後も九條今日子は天井桟敷の制作スタッフとして寺山を支えています。寺山が亡くなった後は、ハツの面倒も見てあげて、なんとハツに請われて養女になっています。つまり、寺山修司の妹になって、亡くなったら同じ墓に入った。本当に、奇妙な家族になってしまったのですが……。でも、そこまで極端ではないにしても、昔からあったんじゃないんですか。最近とくに増えているんですか。

上野　増えていると思いますよ。母親の顔色を見る、健気で従順な息子たちが増えたことと、息子に介入する母親、取り込む母親が増えたから。結婚だけでなく進学や就職は、昔は男女ともに親からの分離儀礼だったのに、その分離が分離にならない。

水無田　なるほど。まあ入社式にも母親が出席しますし、大学の入試のときに保護者室を用意するようになっていますね。

上野　新入生の数より保護者の数が多いそうですね。祖父母もくるから。

水無田　大学院の入学式でも、お母さんがビデオカメラを回していますよ。

上野　何もかも、少子化の効果です。子ども一人あたりの限界効用が上昇しましたから。

水無田　きょうだいが四、五人もいたら、一人あたりの価値も下がりますね。

またねじめさんのことになりますが、彼の詩は情緒的なものをストレートに書くライトバース系です。いわゆるベタベタした感じの作風ではない方なだけに、逆にその本を読むのは怖いんです。ねじめさんの詩は、これまで読んでいます、教科書にまで載っているので。読みやすいしですし、リズミカルなので、小学校でも子どもが朗読したりしている。問題の本を読むのが怖いんですが、がんばって読んでみようと思います。

上野　怖いもの見たさで。

水無田　後学のために。

非婚も結婚も出産も自由に選べる社会に向けて

上野　日本の男女は慣習から結婚し、慣習から出産して親になるのなら、そういう夫婦関係、親子関係の最大の犠牲者は子どもだとわたしは思いますから、結婚も出産も減っていけば犠牲者が少なくなります。それでよいのではないか、というのがわたしの立場です。むりに結婚を勧めたり、妊活したりしなくてもいい。でも生まれた以上は幸せになってほしいから、どんな子どもでも生きやすい社会になってほしいと思います。

しかしながら、いまの日本が進んでいるのはそれとはまったく反対の方向。女に働いてももらいたい、子どもも産んでもらいたいという新しいネオリベ型の女の規格をつくるだけ。政治学者の三浦まりさんは、それを「ネオリベ型母性」と呼んでいましたね。女は結婚して家にいろという従来型の規格とはちがうけど、別な規格に変わりはありません。そんな規格のもとで生まれ育つ子どもが幸せとは思えない。

ひとりひとりの多様性を認める関係になればいいのだけれど、そのためには夫婦も親子も、相手を別の人格として尊重しなければなりません。そんな世の中にするにはどうすればいいんでしょうね。

水無田　外枠を考えれば、社会保障制度にしても、法制度の婚外子差別の撤廃にしても、子どもの間の徹底的な平等を基礎にすえるべきです。母子世帯の扶助は、「かわいそうな母への施し」ではなく、産まれてくる親を選べない子どもたちの間の平等を守るためが大前提です。そこを確立しないと、女性の「産む自由」は獲得できません。慣習で結婚し、慣習で産むのに任せていては、慣習が社会構造に対して時代遅れになったとき、対応できなくなってしまいます。

いまの日本で、女性に期待されている「活躍」とは、旧来の家族規範に収まりつつ、出産も育児も就労も、さらには三世代同居も奨励されて介護も……ということですが、すでに日本人女性は時間的にいっぱいいっぱいです。無償労働と有償労働を合計した「総労働時間」は、先進国でも一番長く、もはや手一杯。しかも、出産・育児を決断するための心理的・経済的コストは女性に偏重しています。

かつては、この慣習に沿って出産していても見合うだけの生活保障はあった。でもいま、それがなくなってしまい、専業主婦のまま一生を終える人はむしろ少数派になっています。それなのに、依然女性の家庭責任は重いまま。これでは、若い世代は結婚や出産に希望が持てません。

若い女性には、いまなお社会的圧力からの脅し言説が多い。例の女性手帳騒動は、その証左でしょう。35歳を過ぎたら妊娠・出産しにくくなるから、もっと計画的にと、女性の心理コストをさらに重くするような意見に、多くの女性が「もううんざり！」と声を上げて、手帳は実現しなかった。これは、苦しい現実ではありますが、朗報と考えています。

現実への反発が、歴史を変えていく……これについては、「歴史の天使は、顔を過去に向け、嵐のただ中を背が向いている未来に向かって飛ぶ」というヴァルター・ベンヤミンの言葉を思い出します。これを受けて、ジグムント・バウマンはこう言いました。「魅力ではなく嫌悪こそが歴史の主要な駆動力である限り、歴史的変化が生じるのは、人間が、自分の状況のなかで感ずる苦痛や不快を悔しく思ったり、それにいらだったりするからである」と。

たしかに進化は、希望よりはむしろ顔を背けたくなるような現実を離れるために引き起こされていく部分が大きいと思います。その意味では、革新や保守化といった、まったく別物に見える表現形態も、同じ衝動に根ざしているのでしょう。歴史は残念ながら、リニアに、まっすぐには進んでいかないようにも見えます。振り子のように激しく触れながら、それでも現実のなかの最も目を背けたいものから全力で離れていこうとする衝動から、変化は起こります。

日本人は、非常に変わり身の早い文化特性があり、変わるとなると雪崩を打って変わります。上野さんが30年戦ってきて変わらないとおっしゃっていたものが、急に変わる可能性もあります。常々わたしが言っているのは、男性・女性といった性差より個性を重んじる社会になる必要があるということ。そして、女性が「産む自由」を獲得するように、わたし自身もできることはやっていきたいと思っています。

女性が必ずしも産まなくてもよくなった……という「産まない自由」を獲得したのは、上野さんたち世代の大きな功績です。でもまだ、「産む自由」のほうは残念ながら獲得し得ていません。それはもちろん、産みたくない人は産まなくても批難されることはないという自由も含みます。

とはいえ、わたしのやっていることは、ほんのささやかなことです。地域に根を張って、雑草みたいに生きています。子育て中のお母さんのためのミニコミ誌にコラムを書いたり、まちづくりに参加して毎年近所の農家で農作業をやったり、市場を手伝ったり、子ども向けの詩のワークショップをしてみたり、ローカル鉄道振興の活動をしてみたり……。夫もコミュニティ論が専門の社会学者で、まちづくりは専門です。わたしたちは町医者ならぬ町社会学者だと思っています。少しづつ、住んでいるコミュニティやご縁あって呼ばれる地域を、寛容で住みやすいものに変えていこうとしています。ものすごくアナログで、範囲の狭い活動ではありますが。

ただ、こういった話を聞いたり、本を読んだりして、同じく全国に、多様な生き方をする雑草の仲間が増えてくれることを願っています。わたしも10代のころ、上野千鶴子と伊藤比呂美を読んで育ったら、あろうことか詩人で社会学者なるものになってしまいました。人の言葉は、現実に働きかけますし、生き方も変えていきますから。本日は、どうもありがとうございました。

おわりに

水無田気流

　本書対談で、初めて上野さんにお目にかかった。正確には日本家族社会学会などで、壇上の上野さんを見たことはあったが、直接お話しをうかがったことはなかった。自己紹介が済んだあと、上野さんが言った。「水無田さん、シィを書いているんでしょう？」と。一瞬、ぎくりとした。

「上野さんが詩というときそれは死に聞こえる」。

　1991年に、上野さんと詩人・伊藤比呂美さんとの共著『のろとさにわ』（平凡社）で、伊藤さんが「上野さんの詩」という詩の2連目、そんなことを書いていたのを思い出した。関東出身のわたしには、たしかに上野さんの柔らかな関西風のアクセントは、「死」に聞こえた。伊藤さんと、同じ目にあってしまった。

「詩のことを話しているんだとわかっていても、死が／上野さんの口から死が出るたび／唐突な死骸に／あたふたして、死を／死を書くと上野さんが言うから」。

伊藤さんの詩のフレーズが、頭の中で鳴った。

考えたら、わたしたちの周りは、今「死」にあふれている。「超」がつく少子高齢化に加え、人口減少局面に入ったこの国は、生より死のほうがよほど身近だ。それほど身構えて意識しなくても、たとえばわたしの実家があった相模原市の郊外地では、帰省するたびにご近所の誰それさんが亡くなった、というような話題を耳にした。その実家も、数年前に父は処分して、駅近くのマンションに移り住んだ。すでに母は亡く、自動車がなければ生活できない郊外地での生活に不安を覚え、決断したらしい。

わたしは1970年生まれで、団塊ジュニア世代より少し上の世代である。亡くなった母は、上野さんたち団塊世代より少しだけ年長だ。母たちがベルトコンベアに乗せられた工業製品のように結婚していった時期、上野さんはこのベルトコンベアそのものと闘っていたのだろう。下部構造、インフラ、と上野さんが口にするたび、わたしの頭の中では、日本社会を均質化させてきたベルトコンベアがぐるぐる回った。でも今、そのベルトコンベアは先細り、穴だらけになっているのだ。そんな感慨も覚えた。

下部構造が変化すれば、おのずと上部構造である意識やジェンダー規範も変化するという上野さんの説は、むろんその通りであると思う。ただ、ある下部構造から、なぜ特定の上部構造が派生するのかの古めかしい問いが、ぬぐい去れなかった。複雑な文化闘争を孕んだ日常を生き抜くために、この問いは自分で問い続けねばならないとも思った。

実際にお目にかかった上野さんは、80年代に著作を読んだときの切れ味鋭い印象と変わらなかった。ただ､近年の上野さんは老年学や介護などの分野に踏み込んで、いっそうこの国の「死」と向き合っているようにも見えた。

つねづね、この国は国民の生の内実を大切にしない特性をもつように思う。これほどまでに、若い世代が子どもを産み育てづらく、生きづらい社会となっているにも関わらず、形骸化した家族規範を保持することに汲々としている。個性や多様性を重視すべしとのかけ声は大きいが、その実極めて均質性の高い国民生活しか容認しない。恐るべき想像力の貧困が、根幹に横たわっているようにも見える。

戦後一貫して、この国は社会の変化に対し、つねに「女性の力」をあてにしてきた。高度成長期には、農村部から都市部に集められた「企業戦士」を全面的にバックアップする専業主婦の妻として。高度成長期の終焉と福祉財源不足には、「日本型福祉社会」の家族によるケアの担い手として。そして現在、生産年齢人口減少には、働き手として。同時に、少子化に対応すべく、出産・育児も奨励されつづけている。

だが、その内実はどうだろうか。既存の家族規範に収まりきらない女性や、その子どもたちに、この国はきわめて冷淡だ。そこにあるのは、生きた現実に対する必要な目配りではなく、死に行く制度への固執である。能力も時間も足りないわたしが、ぜいぜい言いながら仕事に子育てに勤しんでいると、時折目に入るのは戦後昭和レジームの亡霊である。すでに死んだ、あるいは死にかけている規範に、次世代の子どもたちが絡め取られていくのを見過ごすわけにはいかない、とも思う。

この国には、死があふれている。死んだ制度を生者によって意味づけようと、個々人の生そのものが枠づけられようとしている。死に飲まれるな、飲まれるな、飲まれるな。三回唱えて、上野さんの事務所を後にした。

末筆ながら、話があさってに飛びがちなわたしと長時間お話しくださった上野千鶴子さん、ビジネス社の岩谷健一さん、大量の口話をまとめてくださったライターの前田和男さんに、心より感謝いたします。

●著者略歴
上野千鶴子（うえの・ちづこ）
1948年、富山県生まれ。東京大学名誉教授。立命館大学大学院先端学術研究科特別招聘教授。認定NPO法人ウィメンズアクションネットワーク理事長。日本における女性学・ジェンダー研究のパイオニア。近年は介護とケアの現場にも関心を持ち、積極的にとり組んでいる。『おひとりさまの老後』（文春文庫）、『女ぎらい』（紀伊國屋書店）など著書多数。

水無田気流（みなした・きりう）
1970年、神奈川県生まれ。詩人、社会学者。早稲田大学大学院社会科学研究科博士後期課程単位取得満期退学。詩人として『音速平和』で中原中也賞、『Z境』で晩翠賞を受賞。著書に『シングルマザーの貧困』（光文社新書）、『無頼化した女たち』（亜紀書房）、『「居場所」のない男、「時間」がない女』（日本経済新聞出版社）など。

非婚ですが、それが何か!?　結婚リスク時代を生きる

2015年9月1日　第1刷発行

著　者　上野千鶴子　水無田気流
発行者　唐津 隆
発行所　株式会社ビジネス社
〒162-0805　東京都新宿区矢来町114番地 神楽坂高橋ビル5階
電話　03-5227-1602　FAX　03-5227-1603
http://www.business-sha.co.jp

印刷・製本／三松堂株式会社　〈カバーデザイン〉林　陽子（Sparrow Design）
〈編集協力〉前田和男　〈本文組版〉エムアンドケイ
〈編集担当〉岩谷健一　〈営業担当〉山口健志

ISBN978-4-8284-1840-7